W0372366

ELISABETH ENGLE

LIKÖRE
AUS DEM THERMOMIX®

DIE 75 BESTEN REZEPTE

riva

Bibliografische Information der Deutschen Nationalbibliothek
Die Deutsche Nationalbibliothek verzeichnet diese Publikation in der Deutschen Nationalbibliografie.
Detaillierte bibliografische Daten sind im Internet über http://d-nb.de abrufbar.

Für Fragen und Anregungen
info@rivaverlag.de

Wichtiger Hinweis
Sämtliche Inhalte dieses Buches wurden – auf Basis von Quellen, die die Autorin und der Verlag für vertrauenswürdig erachten – nach bestem Wissen und Gewissen recherchiert und sorgfältig geprüft. Alle Rezepte in diesem Buch wurden für den Thermomix® TM5 entwickelt und mit diesem getestet. Bitte beachten Sie: Der Mixtopf des Thermomix® TM5 ist größer als der des TM31 (Kapazität von 2,2 Litern anstatt 2,0 Litern beim TM31). Daher dürfen aus Sicherheitsgründen die Rezepte aus diesem Buch nur dann mit dem TM31 nachgekocht werden, wenn die Mengen angepasst wurden. Achten Sie auf die Füllstandsmarkierungen und überschreiten Sie die maximale Füllmenge nicht. Der Verlag und die Autorin haften für keine nachteiligen Auswirkungen, die in einem direkten oder indirekten Zusammenhang mit den Informationen stehen, die in diesem Buch enthalten sind. Thermomix® ist ein eingetragenes Warenzeichen der Vorwerk & Co. KG. Diese Publikation ist kein offizielles Lizenzprodukt der Vorwerk & Co. KG.

Originalausgabe
3. Auflage 2020
© 2018 by riva Verlag, ein Imprint der Münchner Verlagsgruppe GmbH
Nymphenburger Straße 86
D-80636 München
Tel.: 089 651285-0
Fax: 089 652096

Alle Rechte, insbesondere das Recht der Vervielfältigung und Verbreitung sowie der Übersetzung, vorbehalten. Kein Teil des Werkes darf in irgendeiner Form (durch Fotokopie, Mikrofilm oder ein anderes Verfahren) ohne schriftliche Genehmigung des Verlages reproduziert oder unter Verwendung elektronischer Systeme gespeichert, verarbeitet, vervielfältigt oder verbreitet werden.

Redaktion: Katrin Koelle
Umschlaggestaltung: Isabella Dorsch
Umschlagabbildungen: Vorderseite: Gaus Alex/Shutterstock.com, Handmade Pictures/Shutterstock.com, Goskova Tatiana/Shutterstock.com; Rückseite: ILEISH ANNA/Shutterstock.com, Irina Meliukh/Shutterstock.com
Satz: inpunkt[w]o, Haiger (www.inpunktwo.de)
Druck: Florjancic Tisk d.o.o., Slowenien
Printed in the EU

ISBN Print 978-3-86883-980-7
ISBN E-Book (PDF) 978-3-7453-0226-4
ISBN E-Book (EPUB, Mobi) 978-3-7453-0227-1

Weitere Informationen zum Verlag finden Sie unter

www.rivaverlag.de

Beachten Sie auch unsere weiteren Verlage unter www.m-vg.de

INHALT

Wissenswertes über die Likörherstellung

Inhaltsstoffe

Folgende Stoffe sind in Likören enthalten, und zwar sowohl in hausgemachten als auch in handelsüblichen Produkten:

- Alkohol
- Süßmittel
- Aromen
- Wasser

Die Qualität der verwendeten Komponenten entscheidet dabei im Endeffekt über Geschmack und Verträglichkeit des Endproduktes.

Alkohol dient zur Konservierung, zum Auszug der Aromastoffe und als Geschmacksträger. Er gibt Likören den »Pfiff«. Daher ist es wichtig, welche Sorte Alkohol man verwendet. Folgende Kombinationen harmonieren besonders gut:

- Fruchtliköre: Obstwässer, Obstbrände, Zuckerrohrbrand
- Kräuterliköre, Liköre mit leichten und empfindlichen Aromen: Branntwein aus Getreide, Korn (Doppelkorn, Wodka, Whisky, Weinbrand, Arrak) und Zuckerrohr (Cachaca, Rum)
- Sahneliköre: Weinbrand, Cognac, Rum
- Ansatzalkohol, 96 Vol.-%: passt zu allem, muss stark verdünnt werden und ist relativ kostspielig, aber geschmacksneutral

Natürlich ist es auch immer Geschmackssache, welchen Alkohol man verwendet. Diese Aufstellung dient nur der Orientierung. Übrigens: Auch die Mischung verschiedener Alkoholsorten kann sehr lecker sein.

Wie viel Vol.-% für Grundalkohol sind empfehlenswert?

Hier scheiden sich die Meinungen. Manche empfehlen grundsätzlich nur den teuren Weingeist (unvergällter Alkohol, aus der Apotheke) bzw. Ansatzalkohol mit 80–96 Vol.-% (meist von Brennereien oder in Österreich auch im Supermarkt). Dieser eignet sich besonders, um die Aromen von Gewürzen und Kräutern auszuziehen. Ätherische Öle lösen sich beispielsweise am besten in hochprozentigem Ethanol. Andere wiederum verwenden grundsätzlich nur handelsübliche Alkoholsorten, die zwischen 32 und 40 % Alkohol enthalten. Der Erfahrung nach ist das Ergebnis dann abhängig davon, welche Stoffe ausgezogen werden sollen. Gute Erzeugnisse lassen sich mit Obstwasser, Fruchtbränden, Grappa, Wodka, Rum und Weinbrand mit 38 oder 40 Vol.-% erzielen. Wichtig: Die im Alkohol bereits vorhandenen Aromen müssen mit den übrigen Zutaten harmonieren. Hochprozentigen Weingeist muss man mit Wasser, Sirup oder Saft auf Trinkstärke verdünnen. Andernfalls erhält man keinen Likör, sondern einen hochprozentigen süßen Schnaps, der je nach Bestandteilen sogar ungenießbar wird. Zucker löst sich übrigens erst in verdünntem Alkohol. In der Regel liegt der Alkoholgehalt von Likören zwischen 15 und 30 Vol.-%.

Weiteres siehe Rubrik »Wie man den Alkoholgehalt berechnet«.

Süßmittel sind nicht nur weißer gebleichter Zucker, sondern auch brauner Rohrzucker, Honig oder eingedickte Pflanzensäfte wie Ahornsirup und Agavendicksaft. Die Fruchtsüße der verwendeten Obstsorten bringt jeweils eine bestimmte zu berücksichtigende Süße. Manche Gewürze und Kräuter wie zum Beispiel Stevia oder Süßholz haben ebenfalls eine starke Süßkraft. Dem Zucker kommt aber vor allem bei niedrigprozentigen Likören nicht nur eine süßende, sondern auch eine konservierende Funktion zu. Manche Aromen lösen sich in Kristallzucker (wie übrigens auch in Salzkristallen) besonders gut, daher wird in den vorliegenden Rezepten diese Methode gelegentlich verwendet. Ein weiterer Pluspunkt: Man kann damit die nötige Ruhezeit angenehm verkürzen.

Der Mindestzuckergehalt von (im Handel befindlichen) Likören ist gesetzlich geregelt: In der EU liegt er derzeit bei 100 g Zucker pro Liter, bzw. müssen Süßmittel so dosiert sein, dass sie der Süßkraft von 100 g Invertzucker entsprechen. Creme- oder Cassisliköre unterliegen dabei anderen Anforderungen.

Brauner Zucker und Vollrohrzucker verändern nicht nur die Farbe des Likörs, sondern geben ihm auch einen eigenen würzigen Geschmack. Daher sollte man ihn nur verwenden, wenn dies auch erwünscht ist und zu den anderen Inhaltsstoffen passt. Der in einigen Rezepten verwendete Muscovadozucker ist ein besonders dunkler Vollrohrzucker (ungereinigt und nicht raffiniert), der intensiv würzige und fast malzige Aromen besitzt. Meist harmonieren diese Zuckersorten mit Gewürzlikören bzw. Likören mit hohem Anteil an Gewürzen.

Aromen werden Likören in Form von Früchten, Gewürzen, Kräutern oder Essenzen (Auszügen) davon in Zucker (als Sirup oder in Kristallzucker aromatisierte Stoffe) oder Alkohol zugesetzt. Künstliche oder naturidentische Aromen verwenden wir hier nicht; wir bekommen genug davon in normalen Lebensmitteln ab. Unsere Aromen gewinnen wir mittels Extraktion (s. unten), bei der bestimmte Stoffe in ein Alkohol-Wasser-Gemisch (wie es auch der handelsübliche Alkohol ist) für mehrere Stunden bis hin zu mehreren Monaten eingelegt werden. Dadurch lösen sich die darin enthaltenen Wirkstoffe, die alkohol- oder wasserlöslich sind. Rein fettlösliche Wirkstoffe werden hierbei nicht frei. Eine Herstellung von Likören klappt auch mithilfe von ätherischen Ölen; sie sind allerdings extrem aromatisch und bedürfen einer sehr genauen Dosierung. Nur mit erstklassigen naturbelassenen oder natürlichen ätherischen Ölen können auch erstklassige Ergebnisse erreicht werden, welche leider auch entsprechend teuer sind. Naturidentische oder gar künstliche ätherische Öle sind mit synthetischen Substanzen durchsetzt und eignen sich nicht für unsere Zwecke. Sind bereits ätherische Öle im Haushalt vorhanden, die diesen Kriterien entsprechen (am besten kontrolliert biologischer Anbau, also Bio-Qualität), kann man aber eine bestimmte Geschmacksrichtung durch (sehr vorsichtige) Aromatisierung des Liköransatzes mit ein paar wenigen Tropfen noch verstärken. Ätherische Öle sind nicht wasserlöslich, daher müssen sie in den (möglichst hochprozentigen) Alkohol gegeben werden. Dann schüttelt man das Ganze gut und lässt es wie gewohnt bzw. wie im Rezept vorgesehen ruhen, bevor man es weiterverarbeitet.

Für den Geschmack unserer selbst hergestellten Liköre sind die Aromen die wichtigsten Zutaten. Daher verwenden wir ausschließlich qualitativ hochwertige und naturbelassene Bestandteile!

Wasser hat sowohl die Funktion, den Alkoholgehalt des Endproduktes zu reduzieren, als auch in manchen Likören wasserlösliche Aromen zu lösen. Dabei sollte ein möglichst kalk- und magnesiumarmes Wasser verwendet werden, da diese Mineralstoffe durch hochprozentige Alkohole ausgefällt werden und dabei für unerwünschte Trübungen der Flüssigkeit sorgen. Hat man nur hartes Wasser in seiner Küche, greift man auf weiches Quellwasser, natürliches Mineralwasser ohne jegliche Zusätze (wie Kohlensäure) oder auch auf destilliertes Wasser (ohne Zusatzstoffe!) höchster Qualität aus der Apotheke zurück. Im Übrigen hilft auch ein handelsüblicher Wasserfilter, der zumindest viele Kalkanteile aus dem Wasser herausholt.

Wie der Alkoholgehalt berechnet wird

Unter dem Begriff »Alkoholgehalt« versteht man, wie viel Ethanol bzw. reiner Alkohol in einer Flüssigkeit wie z. B. Wasser enthalten ist. Dies wird durch Volumenprozent (Vol.-%) angegeben. Da die beiden Komponenten eine unterschiedliche Dichte haben (Wasser hat eine höhere Dichte als Alkohol), kann man aufgrund eben dieser den Alkoholgehalt einer Flüssigkeit berechnen, sofern sie ausschließlich aus Wasser und Alkohol besteht. Hierfür gibt es sogenannte Aräometer oder Alkoholmeter. Allerdings lässt sich der Alkoholgehalt damit nicht mehr bestimmen, sobald man dem Likör Zucker und andere Stoffe zusetzt.

In einem Likör mit 32 Vol.-% sind 32 ml Ethanol pro 100 ml Likör enthalten. 52 ml Ethanol und 48 ml Wasser ergeben allerdings ein Gesamtvolumen von 96,3 ml, nicht von 100 ml! Exakte Umrechnungsformeln, mit deren Hilfe man sich im Hausgebrauch den genauen Alkoholgehalt seines Likörs errechnen kann, gibt es leider nicht. Vor allem, weil man dafür erst einmal den genauen Zuckeranteil – nicht nur des verwendeten Zuckers, sondern auch des in den Früchten enthaltenen Fruchtzuckers – wissen müsste. Genaues könnte man nur durch Labortestverfahren oder mit relativ komplizierten Tests (mittels Erhitzen oder Destillation etc.) errechnen lassen.

Für den Hausgebrauch, bei dem es nicht ganz so genau sein muss, kann man eine vereinfachte Berechnung vornehmen.

Hierfür werden folgende Angaben benötigt:

- Menge des fertigen Getränks in ml
- Volumenprozent des verwendeten Alkohols (Vol.-%)

Spezifisches Gewicht von Alkohol: 0,8 g/cm^3
(1 ml Alkohol wiegt übrigens rund 0,8 g, dementsprechend ergibt 1 g Alkohol 1,25 ml)

Die Berechnungsformel zur Bestimmung des Alkoholgehalts lautet:

Menge (ml) x (Vol.-%: 100) x 0,8 = ? Gramm reiner Alkohol x 1,25 = Inhalt (ml)

Beispiel: bei 1 l Wodka mit 40 Vol.-%:

1000 ml x (40 %: 100) x 0,8 = 320 g Alkohol x 1,25 = 400 ml. Der restliche Inhalt von Wodka ist Wasser.

Mischt man also nun einen Liter Likör aus 0,7 Litern Wodka mit 40 Vol.-% und anderen, nicht alkoholischen Ingredienzen, so enthält das Endprodukt (der fertige Likör) etwa 224 g reinen Alkohol. Das ist ein Volumen von 280 ml; gemessen am Gesamtvolumen von 1 l wären das also rund 28 Vol.-%.

Da aber sowohl Zucker als auch Fruchtzucker, der in Obst, Säften oder Honig enthalten ist, den Alkoholgehalt eines Produktes verändern (viele Stoffe haben selbst einen geringen Alkoholeigengehalt!), lässt sich der Alkoholgehalt auch mit unserer Formel nicht ganz exakt berechnen. Man hat jedoch durch die Berechnung einen gewissen Überblick, wie viel Alkohol in dem selbst gemischten Likör enthalten ist, was besonders hinsichtlich seiner Haltbarkeit wichtig ist.

Übrigens gibt es die Möglichkeit der sogenannten »Kryoextraktion«, bei der von einem Schnaps mittels starker Kältezufuhr (im Gefrierschrank) der Wasseranteil gefroren wird, während der Ethanolanteil flüssig bleibt. Dabei werden vorhandene Aromen zerstört. Ob dies für Sie von Bedeutung ist, entscheiden natürlich nur Sie selbst – ein Testversuch ist auf jeden Fall interessant!

Läuterzucker und Invertzuckersirup

Bei der weiteren Verarbeitung des fertigen Ansatzes fügt man oftmals einen Zuckersirup hinzu. Sie können ihn bereits vorher und evtl. auch in größeren Mengen auf Vorrat herstellen – bei kühler und dunkler Lagerung hält sich Zuckersirup fast unbegrenzt. Die Herstellung ist einfach: Man kocht Wasser mit (raffiniertem Haushalts-) Zucker unter Rühren auf, und zwar nimmt man je nach gewünschter Konzentration Zucker mit Wasser 1:1 bis 1:3. Den sich beim Aufkochen absetzenden Schaum, der aus Verunreinigungen besteht, schöpft man ab (d.h., man läutert die Mischung). Nach etwa 5 Min. Kochvorgang schaltet man den Herd einfach aus und füllt den Sirup, sobald er nicht mehr kocht, in geeignete saubere Fläschchen ab. In der weiteren Likörherstellung ist dies nicht nur sehr praktisch, sondern gibt dem Likör auch eine angenehme, samtige Konsistenz. Aber Vorsicht: Achten Sie darauf, den Likör nicht zu überzuckern. Ein Liter Läuterzucker 1:1 hat so viel Süßkraft wie etwa 625 g Zucker.

Eine Variante des Läuterzuckers ist der sogenannte Invertzucker. Durch Zusatz von Zitronen- oder Weinsteinsäure und Natron (erhältlich in Drogerien und Apotheken) verhindert man eine spätere Auskristallisierung des erkalteten Sirups und bekommt ein besonders sämiges und geschmacklich rundes Ergebnis. Den so entstandenen Invertzuckersirup nennt man in der Lebensmittelindustrie auch »Glukose-Fruktose-Sirup«. Ihn selbst herzustellen ist mit diesem Rezept ganz einfach:

Invertzuckersirup

- 500 g weißer Haushaltszucker
- ¾ TL Weinsteinsäure oder Zitronensäure
- ¾ TL Natron (Backnatron, doppelsaures Natron)

250 ml Wasser mit Zucker und Säure in einem großen Kochtopf erhitzen. Nicht kochen lassen, die Temperatur konstant auf 75–85 °C halten. Gelegentlich umrühren. Nach 2 Std. das Natron zufügen. Gut durchrühren, es findet eine heftige Schaumbildung statt (darum der große Kochtopf!). Nun noch heiß abfüllen und kühl lagern oder weiterverwenden. Abgekühlt ist der Sirup dickflüssig, fast etwas zäh und weiß bis hellgelb.

In den Likörrezepten kann man etwa die Hälfte bis ein Drittel der Zuckermenge durch diesen Invertzucker ersetzen. Seine Süßkraft ist stärker als die von Läutersirup.

Ansetzen

Man legt zum Ansetzen Kräuter und Gewürze, Früchte oder Fruchtauszüge (Säfte) in Alkohol bzw. vermischt alles, um die Aromen darin zu lösen. Je nach Alkoholgehalt und nach Art der Aromen dauert das unterschiedlich lange. Wärme spielt hierbei eine wichtige Rolle, denn bei Wärme (Zimmertemperatur reicht dabei meist aus) lösen sich die Aromen und Wirkstoffe schneller heraus. Besonders für Früchte ist dabei allerdings direktes Sonnenlicht eher schädlich, sie verfärben sich und werden leicht unansehnlich. Dagegen lassen sich Kräuter, Blüten und Gewürze das Sonnenlicht meist gerne gefallen und geben brav ihre Aromen an den Alkohol ab.

Wie lange man dem Ansatz dann Zeit gönnen sollte, um zu ruhen, ist bei den einzelnen Rezepten angegeben. Die meisten Frucht- und Gewürzansätze werden allerdings durch längere Ruhezeiten noch besser im Geschmack. Sogar Ansatzzeiten von einem bis mehrere Jahre kommen bei Spezialisten durchaus öfter vor!

Extrahieren

Um den sogenannten Extrakt, also einen Auszug, herzustellen, benötigt man Alkohol (Ethanol mit rund 70 Vol.-%) und Kräuter oder Gewürze. Man bekommt Ethanol in Apotheken, im Onlinehandel, in Brennereien (z. B. www.Brennerei-Kessler.de) und oft auch im Ausland, z. B. in Österreich im Supermarkt als Ansatzalkohol oder Ansatzsprit. Dieser Extrakt bzw. diese Tinktur bildet die eigentliche Grundsubstanz unseres Likörs. Möglichkeiten, einen Extrakt zu gewinnen, sind:

Mazerieren

Bei der Mazeration löst man durch die Versetzung der Trägersubstanz mit Wasser oder Alkohol für einen bestimmten Zeitraum die gewünschten Farb- und Aromastoffe heraus. Durch leichte Erwärmung (zum Beispiel durch direktes Sonnenlicht oder bei warmer Zimmertemperatur) wird dieser physikalische Prozess unterstützt und beschleunigt. Das Endprodukt nennt man Mazerat. Bei der Likörherstellung dient es oft als Basisaroma.

Destillieren

Sowohl in der professionellen Herstellung als auch in den Anfängen der Likörherstellung, die meistens in klösterlichen oder höfischen Küchen erfolgte, wurde und wird der Ansatz von Früchten und Gewürzen in Alkohol destilliert. Der so erhaltene Brand wird qualitativ noch feiner, noch hochwertiger, die Aromen besonders intensiv. Allerdings ist die Destillation im Privathaushalt in Deutschland nicht erlaubt, daher verzichten wir hier auf dieses Verfahren.

Geeignete Gefäße und Abfüllen

Für Liköre eignen sich am besten Glasgefäße bzw. Flaschen. Man kann sie gut und vor allem sehr heiß ausspülen, gefüllt sehen sie außerdem hübsch aus. Besonders gut eignen sich Flaschen mit einem Schraubverschluss, wenn der Likör länger aufgehoben werden soll. Ein Korkverschluss macht sich zwar bei Likörflaschen, die als Geschenk dienen sollen, sehr dekorativ. Jedoch werden Korken im Lauf der Zeit brüchig und sind zudem nicht wirklich hygienisch. Vor allem für empfindlichere Liköre wie zum Beispiel Cremelikör ist darum der Schraubverschluss die bessere Wahl. Für dickflüssige Liköre wie Creme- oder Eierlikör empfehlen sich übrigens Flaschen mit einem weiten Flaschenhals, so lassen sie sich besser umfüllen und vor dem Verzehr auch leichter schütteln.

Vor dem Einfüllen sollte man die Flaschen und auch die Verschlüsse sehr gründlich mit heißem Wasser und Spülmittel säubern. Dann gut spülen, sodass keine Spülmittelreste übrig bleiben, mit kochend heißem Wasser füllen und mindestens 10 Min. stehen lassen. Anschließend die Flaschen leeren, letzte Tropfen ausschütteln und bis zur Verwendung kopfüber auf ein sauberes Tuch stellen. Alternativ kann man die saubere Flasche auch mit etwas Alkohol ausspülen und dann mit dem fertigen Likör befüllen.

Bitte beachten Sie vor allem bei Sahne-, Eier- und Cremelikören unbedingt die Sauberkeit! Verwenden Sie gut gereinigte Gefäße zum Aufbewahren und desinfizieren Sie diese vor dem Einfüllen mit dem anschließend verwendeten Alkohol!

Lagern

Wir verwenden in unseren Rezepten keine Konservierungsmittel. Die Haltbarkeit wird durch den Gehalt von Zucker sowie vor allem durch den Alkohol gewährleistet. Frucht- und Gewürzliköre sollten in der Regel eine Ruhezeit bekommen, während der die Aromen »zusammenwachsen« wie bei einer Parfumkreation. Das hebt die Qualität unserer Eigenproduktion nochmals. Zu lange gelagerte Liköre neigen aber dazu, zu süß zu werden, daher empfehle ich in der Regel den Verbrauch innerhalb der ersten sechs Monate.
Grundsätzlich gelten folgende Lagerzeiten:

Creme-, Eier- und Sahneliköre: im Kühlschrank lagern und innerhalb von 4 Wochen aufbrauchen.

Fruchtliköre: kühl und dunkel lagern, innerhalb von 6–12 Monaten aufbrauchen.

Gewürz- und Kräuterliköre: kühl und dunkel lagern, innerhalb von 8–12 Monaten aufbrauchen.

Achtung: Bei Reduzierung des Zuckergehalts oder der verwendeten Alkoholmenge kann sich auch die Haltbarkeit verkürzen!

Missgeschicke und Lösungen

Es kann jedem passieren: Der Likör gerät nicht so, wie man ihn sich vorstellt – er schmeckt uns nicht oder die Konsistenz gefällt nicht. Halt, nicht gleich wegschütten! Vielleicht ist ja noch etwas zu retten …

Problem 1: Der Likör ist zu süß oder zu säuerlich.

Lösung: Mit abgekochtem Wasser oder einem passenden Saft verdünnen bzw. etwas Zucker oder Zuckersirup nachgeben.

Problem 2: Ein Gewürz sticht geschmacklich hervor.

Lösung: Herausfinden, welches Gewürz hervorsticht und »gegensteuern«, das bedeutet, entweder mit einem anderen Gewürz oder mit Fruchtsaft den Geschmack in die gewünschte »Richtung« bringen. Erst mit einer Kleinstmenge austesten! Es gibt auch die Möglichkeit, mittels fester oder flüssiger Aktivkohle (Kellereibedarf), die in das Getränk gegeben wird, Geruch und Geschmack neutraler zu steuern. Dabei werden allerdings auch die erwünschten Aromen neutralisiert, wenn man nicht vorsichtig genug ist! Anschließend wird der Likör wieder gefiltert.

Problem 3: Es ist zu viel oder zu wenig Alkohol darin.

Lösungen: Vorsichtig mit abgekochtem und abgekühltem (evtl. destilliertem) Wasser verdünnen bzw. etwas von dem verwendeten Alkohol nachgeben (nach Geschmack).

Problem 4: Er ist zu dünn- oder dickflüssig.

Lösung: Ist der Likör unerwünscht dünnflüssig, hilft die Zugabe von konzentriertem Invertzuckersirup oder dickflüssigem Honig. Dadurch erhöht sich jedoch auch der Zuckergehalt, der Likör wird also süßer. Will man dies vermeiden, könnte man ihn auch andicken: mit etwas Johannisbrotkernmehl, Xanthan oder Stärke (mit etwas Wasser aufkochen, abkühlen lassen und einrühren). Oder man verwendet von vornherein einen Sirup aus Trauben- und Malzzucker.

Problem 5: Irgendetwas passt nicht zusammen.

Lösung: Hier muss man selbst wie ein Sommelier herausschmecken, was genau nicht »stimmt«. Man nimmt dazu ein kleines Gläschen und testet den Geschmack (am besten zusammen mit anderen Testpersonen). Fällt nichts Konkretes auf, so fängt man an, auszuprobieren, indem man erst etwas Zucker, dann Alkohol, dann Gewürze hinzufügt. Jedesmal aber genau protokollieren, was man verwendet und welche Menge davon! Ist nun das gewünschte Aroma erreicht, rechnet man um, wie viel für die gesamte Likörmenge erforderlich ist, und würzt alles dem Verhältnis entsprechend.

Problem 6: Die Flüssigkeit ist nicht klar genug.

Lösung: Befinden sich doch noch ungewollte Schwebstoffe oder Trübungen im Likör, kann man ihn noch einmal filtern. Dafür einen Kaffeefilter oder ein angefeuchtetes sauberes Mulltuch in ein Sieb legen. Man kann aber auch einen Dauerfilter aus Metall (für die Kaffeemaschine, handelsüblich) oder einen speziellen Faltenfilter für Liköre aus dem Fachhandel nehmen. Wer Geduld hat, der kann auch einfach die Flasche länger stehen lassen, bis sich die Schwebstoffe abgesetzt haben, und den klaren Teil der Flüssigkeit umschütten, während der trübe untere Absatz der Flasche durch einen Filter gegeben oder sogar weggeschüttet wird (das erneute Filtern kann zu Mengenreduzierung führen).

Verwendete Abkürzungen

In den angegebenen Rezepten werden folgende Kürzel und Begriffe verwendet:

MB	Messbecher (durchsichtiger Innendeckel zum Abdecken und Abmessen)
Mixtopf	Koch- und Mixbehälter des Thermomix®
Stufe …	Rührstufe (Drehgeschwindigkeit)
Linkslauf	Schalter zum Umstellen von Zerkleinern (Mixen, Pürieren) auf Vermischen (Aufschlagen, Verrühren)

Angaben für den TM31 werden in Klammern angegeben, z. B.: **(8 Min./Varoma/Stufe 2/ohne MB)**

Basics

Besonders, wenn man öfter Likör herstellen möchte, ist es ratsam, bereits auf Vorrat Grundsirup zu kochen. Zusätzliches Aroma erhalten Liköre (aber auch Kuchen, Desserts, Eiscreme etc.) sehr einfach durch das vorherige Ansetzen von Vanille-, Gewürz-, und Kokosrum. Diese halten praktisch unbegrenzt, sind dabei viel gesünder und aromatischer als künstliche Geschmacksstoffe und außerdem superpraktisch in der Handhabung!

Heller leichter Grundsirup

Für 1 Flasche à 350 ml

3 MB Wasser
200 g weißer Zucker

Die Zutaten in den Mixtopf geben und **20 Min./100 °C/Stufe 1/ohne MB** kochen. Noch heiß in eine vorher mit kochendem Wasser ausgespülte Flasche umfüllen und sofort verschließen. Hält sich mehrere Monate lang (dunkel und kühl lagern).

Dunkler leichter Grundsirup

Für 1 Flasche à 350 ml

3 MB Wasser
200 g brauner Rohrzucker

Die Zutaten in den Mixtopf geben und **20 Min./100 °C/Stufe 1/ohne MB** kochen. Noch heiß in eine vorher mit kochendem Wasser ausgespülte Flasche umfüllen und sofort verschließen. Hält sich mehrere Monate lang (dunkel und kühl lagern).

Heller dicker Grundsirup

Für 1 Flasche à 380 ml

3 MB Wasser
220 g weißer Zucker

Die Zutaten in den Mixtopf geben und **18 Min./120 °C (TM31 Varoma)/ Stufe 1/ohne MB** kochen. Noch heiß in eine vorher mit kochendem Wasser ausgespülte Flasche umfüllen und sofort verschließen. Hält sich mehrere Monate lang. Sollte der Sirup später auskristallisieren, stellt man die verschlossene Flasche vor dem Verwenden in heißes Wasser, bis er wieder ganz flüssig ist.

Dunkler dicker Grundsirup

Wie heller dicker Grundsirup, jedoch braunen Rohrzucker verwenden.

Kokosrum

Für ca. 0,4 l
100 g Kokosraspel, möglichst frisch und Bio-Qualität
0,5 l guter Rum, 40 Vol.-%
1 Ansatzgefäß mit breitem Hals

Das Ansatzgefäß mit Kokosraspel füllen. Mit dem Rum aufgießen, sodass die Raspel gut bedeckt sind (sie saugen sich etwas voll). Nun verschließen und mindestens 4 Wochen lang ruhen lassen. Täglich einmal gut schütteln. Wird zwischendurch etwas von dem Rum benötigt, entnehmen und mit Rum wieder auffüllen, sodass alle Raspel wieder gut bedeckt sind. Man kann den Kokosrum so auch für Monate stehen lassen und immer wieder auffüllen. Je länger er steht, desto aromatischer wird er. Je nach entnommener Menge des Rums müssen die Kokosraspel nach einiger Zeit ausgewechselt werden (gut durchdrücken), da sie ihr ganzes Aroma abgegeben haben.

Vanillerum

Für ca. 0,5 l
0,5 l Rum, 40 Vol.-%
3 Vanilleschoten

Den Rum in eine gut gesäuberte Flasche (500 ml Inhalt) füllen. Die Vanilleschoten längs mit einem scharfen Messer aufschlitzen und leicht aufbiegen. Dann jede Schote dritteln und in den Rum geben. Die Flasche fest verschließen und die Mischung mindestens 14 Tage ziehen lassen. Nach 14 Tagen kann man die benötigte Menge an Rum entnehmen, wobei die Schoten immer bedeckt sein müssen, weshalb man einfach etwas frischen Rum, am besten dieselbe Sorte, nachfüllt. Auch bereits »gebrauchte« Vanilleschoten, sauber abgespült, können dem Vanillerum noch nachträglich zugegeben werden. Als konzentriertes Extrakt ist er übrigens noch aromatischer als Vanillezucker. Spätestens nach 1 Jahr sollte man die Schoten wechseln.

Gewürzrum

Für ca. 250 ml
1 Zimtstange
10 Gewürznelken
2 Pimentkörner
1 Kardamomkapsel
5 Koriandersamen
2 ganze Muskatblüten
250 ml guter Rum, 40 Vol.-%

Alle Gewürze im Mixtopf **5 Sek./Stufe 10/mit MB** grob zerstoßen. Die Gewürze sollen nicht zu fein sein, dann lässt sich der Rum später besser entnehmen. Die zerstoßenen Gewürze in ein Ansatzgefäß mit etwas breiterem Hals füllen (mit einem Trichter mit breiter Öffnung oder über gefaltetes Papier hineingleiten lassen). Dann mit dem Rum auffüllen und verschließen. Nach 7–10 Tagen kann man bereits den ersten Gewürzrum verwenden. Aber Achtung: immer nur die Flüssigkeit entnehmen, nicht die Gewürze. Und anschließend jeweils wieder so viel Rum nachfüllen, dass die Gewürze immer mit etwa 1–2 cm Flüssigkeit bedeckt sind. Dieser Gewürzansatz ist sehr intensiv und kann mindestens ein Jahr lang immer wieder verwendet werden (bei »normalem« Haushaltsbedarf).

SAHNIGES UND CREMIGES

Welche Flüssigkeit gibt einen zarteren Schmelz auf der Zunge als Cremeliköre? Sie sind schnell hergestellt und erfreuen sich nicht nur im Damenkränzchen großer Beliebtheit. Ostern ohne Eierlikör geht ja wohl gar nicht – aber er schmeckt, gerade in Variationen, das ganze Jahr über. Nur einen Nachteil hat diese flüssige Versuchung: Sie hält sich nicht lange und muss immer gekühlt bleiben. Meist aber kein Problem, der Likör ist eh gleich wieder weg …

Wichtig: Wenn Sie Eier verwenden, achten Sie bitte darauf, dass sie ganz frisch sind, und nehmen Sie am besten Bio-Eier!

Pistazientraum

Haltbarkeit: etwa 4 Wochen

Für ca. 0,7 l

700 g Pistazienkerne
100 g Mandeln, abgezogen
½ MB Vanillerum (S. 16)
2 MB weißer Rum, 40 Vol.-%
100 g Akazienhonig
ca. 1 ½ MB heller leichter Grundsirup (S. 15)

1. Die Pistazien und die Mandeln in ein Sieb geben und mit kaltem Wasser kurz durchspülen. Dann mit 150 ml Wasser in eine Schüssel geben und mehrere Stunden lang (maximal über Nacht) abgedeckt einweichen. Eingeweichte Nüsse mit der Einweichflüssigkeit in den Mixtopf geben und **10 Sek./Stufe 6/mit MB** pürieren. Vanillerum, weißen Rum und Akazienhonig sowie 100 ml Grundsirup zugeben und nochmals **10 Sek./Stufe 10/mit MB** mixen.
2. Alles durch ein feines Sieb streichen, damit der Likör schön samtig wird. Mit dem restlichen Grundsirup nach Geschmack süßen (lieber etwas sparsam sein, der Likör zieht nach).
3. Die Flaschen mit kochendem Wasser ausspülen. Den Likör umfüllen (Flaschen nicht ganz vollgießen), verschließen und kühl stellen. Im Kühlschrank lagern, vor dem Einschenken immer gut schütteln.

Zitronen-Eierlikör

Haltbarkeit: 4 Wochen

Für ca. 0,5 l

- 1 große Bio-Zitrone (150 g)
- 2 ½ MB guter Weinbrand, 40 Vol.-%
- 5 sehr frische Eigelbe, Größe M
- 200 g Zucker
- 3 EL Puderzucker
- 1 Messerspitze gemahlene Vanille

Durch die Verwendung der ganzen Zitrone bekommt der Likör eine sehr aromatische bittere Note. Wer es weniger bitter mag, schneidet die gesamte weiße Unterhaut weg.

1. Die Zitrone mit heißem Wasser gründlich abwaschen und trocknen. Etwa die Hälfte der Schale fein abreiben.
2. Die Zitrone halbieren, die weiße Haut der geschälten Hälfte rundherum entfernen. Das Fruchtfleisch sowie die andere Hälfte samt Schale in grobe Würfel schneiden (Kerne entfernen).
3. Mit der Hälfte vom Weinbrand in den Mixtopf geben. **20 Sek./Stufe 10/ mit MB** pürieren, in einen Kunststoffbecher umfüllen und 30 Min. lang ruhen lassen. Mixtopf gründlich ausspülen und trocknen.
4. Den Schmetterlingsrühraufsatz einsetzen. Die Eigelbe mit Zucker und Puderzucker in den sauberen Mixtopf geben und **2 Min./Stufe 4/Linkslauf/ mit MB** cremig schlagen. Vanille zufügen, nochmals **2 Sek./Stufe 4/ mit MB** mixen. Danach **8 Min./70 °C/Stufe 2/ohne MB** erhitzen, unter Rühren abkühlen lassen.
5. Die Zitronenmasse durch ein Sieb passieren und dabei gut durchdrücken. Nochmals durch ein feineres Sieb oder Tuch filtern. Zur Eiermasse geben und alles **2 Sek./Stufe 4/Linkslauf/mit MB** mischen.
6. In einen Messbecher umfüllen und mit dem restlichen Weinbrand auf 500 ml auffüllen. In vorbereitete saubere Flaschen füllen und im Kühlschrank lagern.

Dulce-de-Leche-Likör

Haltbarkeit: 4 Wochen

Für ca. 1,25 l

750 g Vollmilch mit 3,8 % Fettanteil
250 g Sahne
Mark von 1 Vanilleschote
1 Prise Salz
240 g Zucker
1 EL Agavendicksaft
1 TL Zitronenschale, gemahlen
10 g Orangenzucker
0,75 l Weinbrand, 40 Vol.-%

1. Vollmilch und Sahne in den Mixtopf geben. Vanillemark, Salz und Zucker sowie den Agavendicksaft zufügen. Alles **10 Sek./Stufe 4/mit MB** mischen.
2. Die Mischung **100 Min./90 °C/Stufe 2/ohne MB** reduzieren lassen. Varoma zuschalten und aufkochen. Sofort ausschalten, wenn die Milch hochkocht, damit nichts überläuft. Nun weitere **50–60 Min./90 °C/Stufe 2/ohne MB** einkochen, dabei alle 10 Min. kurz den Varoma anschalten und wie vorher aufkochen lassen. Sobald die Masse nicht mehr überkocht, kann man den Varoma angeschaltet lassen. Die Milch so lange reduzieren, bis sie hellbraun und sämig ist und ein Volumen von 500 ml hat. Evtl. also noch etwas länger einkochen lassen.
3. Die gemahlene Zitronenschale sowie den Orangenzucker zufügen und das Ganze nochmals **10 Sek./Stufe 5/mit MB** mixen (Vorsicht, sehr heiß!). Durch ein Sieb in eine hitzebeständige Schüssel oder einen hohen Becher (am besten aus Edelstahl) schütten und 20–30 Min. abkühlen lassen. Dabei immer wieder umrühren. Den Mixtopf gut ausspülen.
4. Die Creme wieder in den Mixtopf geben, mit dem Weinbrand auffüllen und **20 Sek./Stufe 5/mit MB** vermischen. Durch ein Sieb passieren und in vorher gereinigte Flaschen abfüllen.

Schwarzwälder Sahnelikör

Haltbarkeit: 4–6 Wochen

Für ca. 1 l

1 Vanilleschote
200 g Zucker
275 g Sahne
100 g Kirschsaft
2 EL Schokotropfen, zartbitter
0,5 l Kirschwasser, 40 Vol.-%

1. Vanilleschote längs aufschlitzen und das Mark ausschaben. Schote halbieren; mit Vanillemark, Zucker, Sahne und Kirschsaft in den Mixtopf geben. **12 Min./90 °C/Stufe 2/ohne MB** rühren, abschalten und auskühlen lassen. Dann durch ein Sieb in eine Schüssel passieren.
2. Den Mixtopf gut spülen. Die abgekühlte Sahnemasse und die Schokotropfen hineingeben, **3 Min./Stufe 3/mit MB** rühren, bis die Schokolade geschmolzen ist.
3. Kirschwasser in den Mixtopf gießen und alles noch mal **1 Min./Stufe 3/mit MB** mischen. Den Likör bis etwa 5 cm unter den Flaschenhals in gründlich gesäuberte Flaschen füllen, verschließen und kalt stellen. Vor dem Servieren gut aufschütteln.

Schokoladen-Karamell-Likör

Haltbarkeit: 4 Wochen

Für ca. 0,5 l

2 MB Whisky, 40 Vol.-%
1 Tonkabohne
150 g brauner Rohrzucker
70 g weißer Zucker
1 MB Espresso, frisch gebrüht (= 2 Espressotassen)
1 TL Butter
250 g H-Sahne (TM31: 200 g)
40 g Zartbitter-Kuvertüre, gehackt

1. Eine saubere Flasche zum Desinfizieren mit dem abgemessenen Whisky füllen (diesen geben wir später in den Sirup).
2. Die Tonkabohne halbieren und mit dem braunen und dem weißen Zucker in den Mixtopf wiegen. **15 Sek./Stufe 10/mit MB** mahlen. Kurz ruhen lassen, bis sich der Staubzucker etwas gelegt hat, dann mit einem Küchenpinsel nach unten schieben.
3. Espresso, Butter und Sahne zugeben und alles **10 Min./100 °C/Stufe 2/ohne MB** kochen. Danach nochmals **10 Min./Varoma/Stufe 2/mit aufgesetztem Garkorb** karamellisieren lassen. Bitte dabei aufpassen, damit nichts überkocht!
4. Anschließend **15 Min./Stufe 1/ohne MB** rühren lassen, bis der Sirup etwa 70 °C hat. Nun die gehackte Kuvertüre zufügen und **1 Min./Stufe 2/ohne MB** schmelzen lassen. Mixtopf öffnen und nachsehen, ob alle Stücke geschmolzen sind, sonst noch etwas weiterrühren. Zum Schluss den Mixtopf **1 Min./Stufe 3/ohne MB** laufen lassen und dabei den Whisky durch die Deckelöffnung zulaufen lassen.
5. Durch ein feines Sieb in die vorbereitete Flasche füllen (oben etwas Platz lassen zum Schütteln) und verschließen. Im Kühlschrank lagern, vor dem Genuss kräftig durchschütteln.

Schmeckt besonders lecker mit einem Sahnehäubchen!

Die angegebene Menge darf v. A. beim TM31 nicht erhöht werden, sonst kocht alles über! Für eine größere Menge also bitte zweimal kochen. Nach dem Abfüllen den Mixtopf unbedingt sofort heiß ausspülen und säubern!

Eierlikör

Haltbarkeit: 3–4 Wochen

Für ca. 1 l

200 g Zucker (oder Xylit, s. Tipp)
Mark von 1 Vanilleschote
8 sehr frische Eigelbe, Größe L
1 Prise Salz
200 g Kaffeesahne, 10 %
1 ¾ MB Weinbrand, 40 Vol.-%
½ MB Orangenlikör

Varianten:

- Eier-Kirschlikör: mit 210 ml Kirschbrand statt dem Weinbrand und dem Orangenlikör
- Eierlikör mit Rosmarin: in jede Flasche 1 kleinen Zweig Rosmarin einlegen, der darin bleibt
- Eierlikör mit Orangenaroma: 1 TL geriebene Orangenschale in die Eiermasse geben
- Eierlikör mit Beeren: 1–2 EL Himbeer-, Erdbeer- oder Heidelbeermark gut mit der Eiermilch verrühren
- Eierlikör mit Tonkabohnen: statt Vanillemark 1–2 Tonkabohnen mit dem Zucker pulverisieren
- Eierlikör mit Honig: den Zucker durch 180–200 g Blütenhonig ersetzen, mit dem Vanillemark und der Sahne den angerührten Eigelben zusetzen

1. Zucker (oder Xylit) mit dem Vanillemark in den Mixtopf geben und **15 Sek./Stufe 10/mit MB** pulverisieren.
2. Eigelbe und Salz zufügen, **5 Sek./Stufe 4/mit MB** rühren. Die Kaffeesahne zugießen und **16 Min./70 °C/Stufe 3/mit MB** erhitzen. Auf **Stufe 3** weiterrühren, bis die Eiermilch abgekühlt ist.
3. Weinbrand und Orangenlikör durch die Deckelöffnung in einem langsamen Strahl einlaufen lassen, **2 Min./Stufe 3/ohne MB** rühren (wie bei Mayonnaise). Flaschen und Deckel mit kochendem Wasser ausspülen.
4. Leicht abkühlen lassen und den Eierlikör mit einem Trichter umfüllen. Die Flaschen dabei nicht ganz füllen, damit sie sich vor dem Genuss gut schütteln lassen. Im Kühlschrank aufbewahren.

Den Eierlikör vor dem Genuss bitte unbedingt eine Nacht im Kühlschrank durchziehen lassen, er dickt nach dem Abkühlen etwas nach!

Für einen zuckerfreien Eierlikör verwendet man 200–230 g Xylit (Birkenzucker, Xylitol) statt des weißen Haushaltszuckers. Die Zubereitung ist dann dieselbe.

Mohngeheimnis

Haltbarkeit: 5 Wochen

Für ca. 1,2 l
Reifezeit: 1 Tag

60 g Mohnsamen
200 g Kaffeesahne, 10 %
1 EL Vanillezucker
70 g Puderzucker
1 TL Kakaopulver
0,5 l weißer Rum, 38–40 Vol.-%

1. Den Mohn in einer Pfanne bei mittlerer Hitze trocken rösten, bis er duftet. Etwas abkühlen lassen. In den Mixtopf geben und **1 Min./Stufe 9/mit MB** mahlen. Kaffeesahne zugeben und **10 Sek./Stufe 5/mit MB** durchmischen.
2. Vanillezucker und Puderzucker dazugeben und alles **5 Min./70 °C/Stufe 2/mit MB** erwärmen. Kakaopulver darin auflösen. Auf **Stufe 2** rühren, bis die Masse auf 37 °C abgekühlt ist.
3. Rum zugeben und nochmals **5 Sek./Stufe 5/mit MB** mixen. In ausgekochte Flaschen füllen, dabei etwas Platz lassen, damit man den Likör vor dem Gebrauch schütteln kann. Im Kühlschrank lagern.

Weihnachtlicher Nugatlikör

Haltbarkeit: 4–5 Wochen

Für ca. 0,8 l

- 100 g Nuss-Nugat
- 500 g Kaffeesahne, 10 %
- 180 g Zucker
- 1 TL Zimt, gemahlen
- ¼ TL Muskatnuss, gemahlen
- 1 TL Nelken, gemahlen
- 2 MB Rum
- ½ MB Vanillerum (S. 16)

1. Nugat würfeln, mit der Kaffeesahne, dem Zucker und den Gewürzen in den Mixtopf geben. **10 Min./80 °C/Stufe 1 ohne MB** rühren, bis alles gut gelöst ist. Weiterrühren auf **Stufe 1** und auf 37 °C abkühlen lassen.
2. **2 Min./Stufe 4/mit MB** rühren, dabei den Rum und den Vanillerum zugeben. Die Mischung in eine saubere Flasche füllen und über Nacht in den Kühlschrank stellen. Anderntags durch ein Sieb filtern und in sterile Fläschchen abfüllen. Kalt lagern.

Lemoncurd-Likör

Haltbarkeit: 6–8 Wochen

Für ca. 0,75 l

Saft und abgeriebene Schale von 2 Bio-Zitronen
150 g Zucker
50 g Butter
2 sehr frische Eier, Größe M
1 Prise Salz
1 Prise gemahlene Vanille
0,5 l Grappa, 40 Vol.-%

1. Alle Zutaten bis auf den Alkohol in den Mixtopf geben. **16 Min./90 °C/ Stufe 2/ohne MB** eindicken. Mit Messbecher **20 Sek./Stufe 6/mit MB** durchrühren.
2. Auf Stufe 2 ohne MB rühren lassen, bis die Masse noch handwarm ist.
3. **2 Min./Stufe 3/ohne MB** mixen, dabei den Grappa langsam durch die Deckelöffnung hineinlaufen lassen, bis alles cremig und homogen ist.
4. Die Flaschen mit kochendem Wasser ausspülen und den Likör (nicht ganz voll) abfüllen. Verschließen und vor dem ersten Genuss über Nacht im Kühlschrank nachziehen lassen. Im Kühlschrank lagern und vor dem Servieren schütteln.

After-Dinner-Likör

Haltbarkeit: 4 Wochen

Für ca. 0,8 l

- 200 g Zucker
- 200 g Kaffeesahne, 10 %
- 200 g Schoko-Minz-Tafeln (oder dunkle Kuvertüre und 5–10 Tropfen Minzöl)
- 4 MB Doppelkorn oder Wodka, mind. 38 Vol.-%

Wer mag, mahlt zusammen mit dem Zucker noch 1 TL Kaffeebohnen oder/und 1 Sternanis. Das ergibt eine feine Gewürznote, die gerade im Winter besonders gut schmeckt.

1. Zucker in den Mixtopf geben und **10 Sek./Stufe 10/mit MB** zu Puderzucker mahlen.
2. Kaffeesahne und Schoko-Minz-Tafeln zufügen und **6 Min./37 °C/Stufe 2/mit MB** schmelzen.
3. 200 ml Korn oder Wodka dazugießen und **10 Sek./Stufe 5/mit MB** rühren. Den Rest zugeben, nochmals **5 Sek./Stufe 3/mit MB** mischen.
4. Durch ein Sieb in mit kochendem Wasser ausgespülte Flaschen filtern und abkühlen lassen.

Erdbeer-Sahnelikör

Haltbarkeit: etwa 4 Wochen

Für ca. 1 l

400 g Erdbeeren
½ TL abgeriebene Bio-Zitronenschale
100 g Zucker
50 ml Granatapfelsirup (alternativ Himbeer-, Kirsch- oder ein Kräutersirup, z. B. aus Melisse, Minze oder Rosmarin)
200 g Sahne
½ TL gemahlene Vanille
4 MB weißer Rum, 40 Vol.-%

Crushed Ice dazu – fertig ist ein fruchtig-cremiger Sommercocktail.

1. Die Erdbeeren waschen und putzen. Mit der Zitronenschale in den Mixtopf geben und **8 Sek./Stufe 6/mit MB** pürieren. Entweder durch ein feines Sieb geben, um die Kerne zu entfernen, und dann wieder in den ausgespülten Mixtopf geben oder einfach nochmals **10 Sek./Stufe 10/mit MB** mixen.
2. Zucker, Granatapfelsirup, Sahne und Vanille hinzufügen und **6 Min./80 °C/Stufe 2/mit MB** erhitzen. 15 Min. abkühlen lassen, dann den Rum **1 Min./Stufe 2/ohne MB** durch die Deckelöffnung hineinlaufen lassen.
3. Die Flaschen mit kochendem Wasser ausspülen. Den Likör hineingießen (Flaschen nicht ganz füllen), verschließen und kühl stellen. Im Kühlschrank lagern und vor dem Einschenken immer gut durchschütteln.

Weißer Schokolikör

Haltbarkeit: kühl gelagert etwa 4 Wochen

Für ca. 0,5 l

½ Vanilleschote
250 g Sahne
50 g Zucker
100 g weiße Kuvertüre (hochwertige Schokolade verwenden, z.B. von Callebaut oder Valrhona), in Stücken oder Callets
2 ½ MB Cachaca oder Rum

1. Vanilleschote und Sahne in den Mixtopf geben. **10 Min./80 °C/Stufe 2/mit MB** erhitzen. Dann den Zucker zugeben und auf unter 50 °C abkühlen lassen. Die Kuvertüre zugeben und darin auflösen. **10 Sek./Stufe 5/mit MB** durchrühren.
2. Den Cachaca durch die Deckelöffnung hineinlaufen lassen. Die Flaschen mit kochendem Wasser ausspülen. Den Likör dann bis etwa 5 cm unter den Flaschenhals abfüllen, verschließen und kühl stellen.
3. Im Kühlschrank lagern und vor dem Einschenken gut durchschütteln.

Diesen Likör können Sie als Variante natürlich auch mit dunkler Schokolade zubereiten. Je nach Schokoladenart dann evtl. etwas mehr Zucker nehmen.

Maracuja-Marzipan-Likör

Haltbarkeit: 4–6 Wochen

Für ca. 1 l
Reifezeit: 2–3 Tage

125 g abgezogene weiße Mandeln
150 g Puderzucker
3 Tropfen Bittermandelöl
1 TL Rosenwasser
1 Bio-Zitrone
800 g Maracujanektar
1 Vanilleschote
½ MB H-Sahne
0,5 l weißer Rum, 40 Vol.-%

Wer ganz sichergehen will, dass sich keine Klümpchen mehr im Likör befinden, filtert ihn vor dem Abfüllen noch durch ein Sieb. Der Likör schmeckt sehr lecker als Cocktail mit Crushed Ice, Sahne und etwas Minze serviert.

1. Mandeln in den Mixtopf geben und **30 Sek./Stufe 10/mit MB** fein mahlen. Puderzucker, Bittermandelöl und Rosenwasser zugeben. Nochmals **10–30 Sek./Stufe 10/mit MB** mahlen, bis es nach Marzipan duftet und die Mandelmasse eine teigartige Konsistenz bekommt. In eine Schüssel umfüllen.
2. Zitrone heiß abwaschen, trocknen, die Schale fein abreiben und mit dem Maracujanektar in den Mixtopf geben. Vanilleschote längs einritzen, das Mark herauskratzen und zusammen mit der Vanilleschote zufügen. Alles **60–70 Min./Stufe 2/100 °C/ohne MB** auf 400 ml reduzieren.
3. Zitrone auspressen und den Saft zugeben. Vanilleschote entfernen. Mandelmasse mit der Sahne wieder in den Mixtopf geben und alles **1 Min./Stufe 5/mit MB** mixen. Abkühlen lassen, dann den Rum hinzufügen und **20 Sek./Stufe 4/mit MB** rühren.
4. In vorher gut gereinigte Flaschen bis etwa 5 cm unter den Flaschenhals füllen und vor dem ersten Genuss verschlossen 2–3 Tage im Kühlschrank lagern. Vor dem Servieren aufschütteln!

Mandel-Sahnelikör

Haltbarkeit: 4–6 Wochen

Für ca. 1 l
Reifezeit: 2–3 Tage

1 Vanilleschote
100 g abgezogene weiße Mandeln
150 g brauner Zucker
400 g Kaffeesahne, 10 %
3 Tropfen Bittermandelöl oder
2 EL Amarettolikör
0,6 l Weinbrand, 40 Vol.-%

1. Die Vanilleschote der Länge nach mit einem scharfen Messer aufschlitzen und das Mark herauskratzen. Die Mandeln und den Zucker in den Mixtopf geben und **15 Sek/Stufe 10/mit MB** fein mahlen.
2. Mit der Kaffeesahne und 100 ml Wasser aufgießen. Das Vanillemark zugeben und **18 Min./90 °C/Stufe 2/mit MB** köcheln. Ausschalten und auf 37 °C abkühlen lassen.
3. Nun Bittermandelöl oder Amarettolikör und Weinbrand hineingießen und alles **10 Sek./Stufe 3/mit MB** mischen. Über Nacht abgedeckt stehen lassen.
4. Am nächsten Tag durch ein feines Sieb filtern. In saubere Flaschen bis 5 cm unter den Flaschenhals füllen. Verschlossen 2–3 Tage im Kühlschrank lagern. Vor dem Servieren gut schütteln!

Probieren Sie den Likör auch mal mit gesalzenen und gerösteten Mandeln – ungewohnt, aber sehr lecker!

Maronenlikör

Haltbarkeit: 6–8 Wochen

Für ca. 2 l
Reifezeit: 1 Woche

800 g Maronen
450 g brauner Rohrzucker
1 Vanilleschote
5 Gewürznelken
200 g Sahne
0,5 l Grappa, 38–40 Vol.-%
0,5 l Weinbrand, 40 Vol.-%

1. Die Maronen jeweils mit einem scharfen Messer kreuzweise einschneiden und auf ein Backblech geben. Im Backofen bei 180 °C etwa 30 Min. rösten. Herausnehmen und kurz mit einem feuchten Tuch abdecken. Dann schälen und dabei auch die braune Haut entfernen.
2. Zucker, aufgeschlitzte Vanilleschote, Nelken und 600 g Wasser in den Mixtopf geben. Alles **18 Min./120 °C (TM31 Varoma)/Stufe 1/mit MB** köcheln. Durch ein Sieb in eine Schüssel filtern.
3. Den Mixtopf gut säubern und die Mischung wieder hineingeben. Die geschälten Maronen und die Sahne zufügen und alles **1 Min./Stufe 6/mit MB** fein cremig pürieren.
4. Abkühlen lassen, dann Grappa sowie Weinbrand dazugeben und **5 Sek./Stufe 5/mit MB** durchmischen. Den Likör bis etwa 5 cm unter den Flaschenhals in gründlich gesäuberte Flaschen abfüllen.
5. Gut verschlossen 1 Woche im Kühlschrank ziehen lassen. Vor dem Servieren schütteln!

Bananen-Cremelikör

Haltbarkeit: 6 Wochen

Für ca. 0,7 l

1 reife Banane
1 MB Kokosmilch (aus der Dose)
50 g Blütenhonig oder Agavendicksaft
3 ½ MB weißer Rum, 40 Vol.-%

1. Zur Vorbereitung 150 ml Wasser abkochen und anschließend abkühlen lassen.
2. Banane schälen, in 4 Stücke schneiden und 100 g in den Mixtopf wiegen. Kokosmilchdose vor dem Öffnen durchschütteln, dann 100 ml abmessen und mit dem Honig zur Banane geben.
3. Alles **10 Sek./Stufe 10/mit MB** fein pürieren, mit dem Spatel nach unten schieben und den Vorgang wiederholen.
4. Das Fruchtpüree durch ein feines Sieb drücken und mit dem abgekochten Wasser auf insgesamt 300 ml auffüllen. Rum einrühren und bis etwa 5 cm unter den Flaschenhals in gründlich gesäuberte Flaschen abfüllen.
5. Im Kühlschrank lagern, vor dem Servieren gut durchschütteln.

FRUCHTIGES

Die Essenz von Sommer und Herbst lässt sich einfangen: Die Aromen von frischem Obst ergeben herrlich fruchtige Liköre, geschmacklich abgerundet durch feine Kräuter oder Gewürze.

Passionsfruchtlikör

Haltbarkeit: 6–12 Monate

Für 0,5 l

4 Passionsfrüchte
1 Prise gemahlene Vanille
170 g Krümelkandis
3 ½ MB Marillengeist, 36–40 Vol.-%

1. Passionsfrüchte aufschneiden und die Kerne mit dem Saft herauskratzen. Wir benötigen etwa 80–100 g Fruchtfleisch.
2. Fruchtfleisch mit der Vanille, Krümelkandis und 1 MB Wasser in den Mixtopf geben. **12 Min./120 °C (TM31 Varoma)/Stufe 2/ohne MB** köcheln. Ausschalten und auf 37 °C abkühlen lassen.
3. Wer die Kerne nicht im Likör haben will, filtert das Ganze nun durch ein Sieb. Dann mit dem Marillengeist gründlich vermischen. Nach Geschmack noch mit etwas Puderzucker nachsüßen (nur wenig, der Likör zieht nach!).
4. In eine saubere Flasche abfüllen und verschließen. Am besten vor dem ersten Genuss 2–3 Wochen lang kühl ruhen lassen.

Pflaumen-Zimt-Likör

Haltbarkeit: 8–12 Monate

Für ca. 1 l
Reifezeit: 2–3 Wochen

250 g Pflaumen, entkernt und geviertelt
300 g Apfelsaft
150 g brauner Zucker
1 TL Vanillezucker
¼ TL Zimt
Saft ½ Zitrone
1 TL abgeriebene Bio-Orangen- oder Zitronenschale
0,5 l Pflaumenbrand, 36–40 Vol.-%

1. Die Pflaumen mit dem Apfelsaft und dem Zucker in den Mixtopf geben. Vanillezucker, Zimt und Zitronensaft zugeben und **12 Min./100 °C/ Stufe 2/mit MB** kochen lassen.
2. Die Zitronen- oder Orangenschale zugeben und alles **15 Sek./Stufe 7/ mit MB** pürieren.
3. Dann 1 Std. lang im Mixtopf auskühlen lassen.
4. Nach dem Abkühlen den Pflaumenbrand dazugießen und alles **10 Sek./ Stufe 5/mit MB** rühren. In eine saubere Flasche bzw. ein verschließbares Gefäß schütten und 3 Tage lang an einem kühlen Ort ruhen lassen.
5. Durch ein feines Sieb filtern, danach nochmals durch ein Tuch geben, bis die Flüssigkeit klar ist. In gereinigte Flaschen abfüllen und verschlossen am besten noch 2–3 Wochen lang ziehen lassen.

Ein zartes Mandelaroma erhält man, wenn man dem Likör während der Reifezeit die Pflaumenkerne zugibt. Danach entfernen!

Mangostan-Zitronen-Likör

Haltbarkeit: 6–12 Monate

Für ca. 0,3 l
Reifezeit: 1 Woche

4 Mangostanfrüchte
abgeriebene Schale ½ Bio-Zitrone
100 g Zucker
25 g Zitronensaft
1 ½ MB Grappa, 40 Vol.-%
½ MB Maraschinolikör (alternativ Orangenlikör)

Wegen des eher hohen Preisniveaus von Mangostanfrüchten ist das Rezept für eine eher kleine Menge berechnet.

Sie können den Likör aber selbstverständlich auch in größeren Mengen herstellen – z.B. als exklusives Geschenk!

1. Die Mangostanfrüchte aufschneiden und das weiße Fruchtfleisch mit den Kernen (ohne die rötliche Haut unter der Schale) herausnehmen. Wir benötigen davon 100 g.
2. Die Zitronenschale mit dem Zucker in den Mixtopf geben und **30 Sek./Stufe 10/mit MB** pulverisieren. Zitronensaft, 1 MB Wasser und Mangostanfruchtfleisch zufügen. **12 Min/120 °C (TM31 Varoma)/Stufe 1/mit MB** köcheln lassen.
3. Anschließend alles **15 Sek./Stufe 6/mit MB** pürieren. Danach das Fruchtpüree durch ein sehr feines Sieb drücken (geliert schnell). Bei der angegebenen Rezeptmenge erhält man so etwa 2–3 EL Fruchtmus. Sobald der Mixtopf nur noch lauwarm ist, den Grappa hineinlaufen lassen, um die Fruchtreste damit aufzunehmen.
4. Zu den anderen Fruchtresten im Sieb schütten und nochmals mit einem kleinen Löffel durchdrücken. Ganz abkühlen lassen und den Maraschino einrühren. Alles gut vermischen und in eine saubere Flasche abfüllen. Kühl lagern und vor dem Genuss 1 Woche lang ruhen lassen.

Hugolino (Holunderblütenlikör)

Haltbarkeit: 8–12 Monate haltbar

Für ca. 1 l
Ruhedauer: 1 Tag

10 Dolden Holunderblüten (mittags gepflückt)
2 Limetten, unbehandelt
1 EL Melissenblätter
1 EL Minzeblätter
600 g heller Rohrzucker
0,7 l Cachaca

Dieser Likör schmeckt nach Frühling! Aufgegossen mit prickelndem Mineralwasser, ist er ein wenig stärker als der übliche Hugo-Cocktail, aber sehr lecker und spritzig. Für noch mehr »Wumms«, also eine höherprozentige Variante, einfach Prosecco statt Mineralwasser nehmen.

1. Dicke Stängel von den Holunderblüten abschneiden. Kleine Käfer und Tierchen vorsichtig aus den Blüten herausschütteln. Die Blüten in eine hitzefeste Schüssel oder ein Ansatzgefäß füllen.
2. Die Limetten waschen und abtrocknen, eine davon in dünne Scheiben schneiden und zu den Holunderblüten schichten.
3. Die Melisse und die Minze waschen, trocken schütteln, grob hacken und in den Mixtopf geben. Den Saft der zweiten Limette auspressen und mit der abgeriebenen Schale (nur den grünen Teil!) zugeben. Mit 700 g Wasser auffüllen, Zucker einrieseln lassen und alles **20 Min./100 °C/Stufe 1/ ohne MB** kochen. Sofort über die Holunderblüten gießen und abgedeckt 24 Std. lang ruhen lassen.
4. Alles durch ein Sieb, dann nochmals durch ein feuchtes Mulltuch filtern. 600 ml vom Sirup abmessen und 100 ml abgekochtes Wasser zugeben. Den Cachaca einrühren und den Likör in saubere Flaschen einfüllen. Übrigen Sirup in ein mit kochendem Wasser ausgespültes Fläschchen füllen und für späteren Gebrauch kühl lagern.

Cranberry-Birnen-Likör mit Rosmarin

Haltbarkeit: 6–12 Monate

Für ca. 0,7 l
Reifezeit: 1–2 Wochen

200 g frische Cranberrys
200 g brauner Rohrzucker
1 Zweig Rosmarin
2 ½ MB Birnenbrand, 36–40 Vol.-%

1. Die Cranberrys waschen und abtropfen lassen. In den Mixtopf füllen. Zucker, 120 g Wasser und Rosmarinzweig zugeben.
2. Alles **12 Min./100 °C/Stufe 1/ohne MB** köcheln lassen. Rosmarin entfernen und die Masse erst **5 Sek./Stufe 5/mit MB**, dann nochmals **10 Sek./Stufe 10/mit MB** fein pürieren (Vorsicht, sehr heiß!).
3. Im Mixtopf auf 37 °C abkühlen lassen.
4. Die Hälfte vom Birnenbrand zugeben und **15 Sek./Stufe 5/mit MB** vermischen. Durch ein feines Sieb in eine Schüssel passieren und dabei gut pressen. Den ausgepressten Fruchtrückstand mit dem restlichen Brand zurück in den Mixtopf geben und erneut **20 Sek./Stufe10/mit MB** pürieren.
5. Nochmals durch das Sieb direkt in den gespülten Mixtopf streichen und alles verrühren, so wird der Likör sehr fein cremig. Dann füllt man den Likör mit einem Trichter in saubere Flaschen ab. Am besten noch 1–2 Wochen lang verschlossen kühl und dunkel lagern, bevor der Likör verwendet wird.

Durch den hohen Pektingehalt der Früchte ist der Likör relativ dickflüssig. Wer das weniger mag, kann ihn mit etwas Cranberrysaft, Wasser oder Sekt mischen.

Himbeer-Sekt-Likör

Haltbarkeit: 6–12 Monate

Für ca. 1 l

1 Bio-Zitrone
1 Stiel frische Minze
300 g Himbeeren, frisch oder TK
200 g Zucker
2 MB Sekt, trocken
3 MB weißer Rum, 40 Vol.-%

1. Die Zitrone mit heißem Wasser abwaschen und abtrocknen. Die Schale mit einer Reibe oder einem Zestenreißer abraspeln. Die Minze waschen und die Blättchen fein hacken.
2. Die Himbeeren putzen und mit der Zitronenschale, der Minze und dem Zucker in den Mixtopf geben. Mit dem Sekt aufgießen und 1 Std. lang ziehen lassen. Die Fruchtmischung nun **12 Min./100 °C/Stufe 3/mit MB** köcheln lassen.
3. Danach etwas abkühlen lassen und **1 Min./Stufe 10/mit MB** fein pürieren (Vorsicht, heiß!). Ganz auskühlen lassen. Inzwischen Flaschen und Deckel säubern, mit kochendem Wasser ausspülen und abkühlen lassen oder mit dem Rum desinfizieren.
4. Den Rum zur abgekühlten Frucht-Sekt-Mischung geben und **10 Sek./Stufe 4/mit MB** vermischen. Likör in die vorbereiteten Flaschen füllen, verschließen und am besten im Kühlschrank aufbewahren und auch gekühlt servieren.

Wer keine Fruchtrückstände im Likör haben will, klärt das Ganze vor dem Abfüllen durch ein Sieb oder einen Likörfaltenfilter.

Apricot Brandy

Haltbarkeit: kühl gelagert 8–12 Monate

Für ca. 1 l
Reifezeit: 1 Tag

300 g frische Aprikosen, schön reif
75 g Orangensaft, frisch gepresst
1 EL abgeriebene Bio-Orangenschale
100 g brauner Rohrzucker
0,75 l Brandy oder Cognac, 40 Vol.-%

1. Die Aprikosen waschen, entsteinen und vierteln. Mit dem Orangensaft, der Orangenschale und dem Zucker in den Mixtopf geben. **15 Min./100 °C/ Stufe 2/ohne MB** kochen lassen. Anschließend bei **Stufe 2** so lange rühren, bis die Fruchtmasse ausgekühlt ist (maximal handwarm).
2. Den Alkohol zugeben und das Ganze in eine Flasche oder ein Gefäß aus Glas mit weitem Hals umfüllen. Abgedeckt 24 Sunden lang ruhen lassen.
3. Die Flaschen mit kochendem Wasser ausspülen. Das Brandy-Fruchtgemisch nun durch ein Sieb filtern, dabei nicht stark pressen, denn das Fruchtfleisch soll vom Alkohol getrennt werden. Nochmals durch ein sauberes Stofftuch klar filtern und mit einem Trichter in die Flaschen füllen.

Das Fruchtfleisch kann man mit der entsprechenden Menge Gelierzucker 2:1 schnell zu einer Marmelade kochen – es ergibt etwa 2 Gläschen und schmeckt zwar etwas »schnapsig«, aber superlecker!

Bratapfellikör

Haltbarkeit: 8–10 Monate

Für ca. 850 ml
Reifezeit: 1–2 Wochen

2 säuerliche Äpfel (am besten Bio)
8 g Stangenzimt
½ Vanilleschote
8 Gewürznelken
180 g brauner Rohrzucker
500 g Apfelsaft, naturtrüb, ungezuckert
2 EL Zitronensaft
50 g Gelierzucker 3:1
3 ½ MB Whisky

Wer den Likör lieber stärker mag, kann ihn mit bis zu 500 ml Alkohol ansetzen. Ein besonders feines Aroma erhält er auch durch den Zusatz von 50 ml Williamsbirnenbrand oder Calvados.

1. Die Äpfel waschen, vierteln, vom Kerngehäuse befreien und nochmals vierteln. Dann grob würfeln und in den Mixtopf geben.
2. Zimtstange mit dem Fleischklopfer in Stücke klopfen. Die Vanilleschote längs aufschlitzen und grob zerschneiden.
3. Zimt und Vanille mit Gewürznelken, Rohrzucker und Apfelsaft zu den Äpfeln in den Mixtopf geben; alles **25 Min./100 °C/Stufe 1/ohne MB** einkochen.
4. Zitronensaft und Gelierzucker zugeben und nochmals **5 Min./Varoma/Stufe 1** mit aufgesetztem Garkorb kochen. Durch ein feines Sieb in ein hitzebeständiges Gefäß laufen lassen, die Fruchtmasse dabei nur leicht drücken. Den Sud abkühlen lassen.
5. Den Whisky zum Sud geben und vermengen, in Flaschen füllen. Vor dem Genuss 1–2 Wochen ziehen lassen, dann wird der Likör noch feiner. Wer mag, klärt ihn dann nochmals durch einen Filter. Am besten kühl lagern.

Sauerkirschlikör

Haltbarkeit: 6–8 Monate

Für ca. 0,8 l

600 g Sauerkirschen, TK
300 g Zucker
10 Zimtblüten
1 Prise gemahlene Vanille
1 EL Limettensaft
1 TL abgeriebene Bio-Zitronenschale (alternativ Bio-Orangenschale)
3 MB weißer Rum, 38–40 Vol.-%
1 MB Mirabellengeist

1. Die gefrorenen Kirschen mit dem Zucker, den Zimtblüten, der Vanille, dem Limettensaft und der Zitronenschale in den Mixtopf geben und **60 Min./ Linkslauf/Stufe 0,5/ohne MB** (anfangs evtl. auf **Stufe 1**, falls sich das Messer schlecht dreht) rühren.
2. Nachdem sich der Zucker aufgelöst hat und ein Sirup entstanden ist, **10 Min./100 °C/Linkslauf/Stufe 0.5/mit MB** aufkochen (TM31 Garkorb aufsetzen und im Auge behalten, evtl. auf 90 °C reduzieren).
3. Durch ein Sieb gießen (Fruchtrückstand nur ganz leicht drücken) und abkühlen lassen, dann Schaum entfernen.
4. Den Rum und den Mirabellengeist einrühren. Durch einen Trichter in eine saubere Flasche füllen und nach Möglichkeit noch 1 Monat lang reifen lassen.

Wer mag, kann den Likör natürlich auch mit entsteinten frischen Sauerkirschen zubereiten.

Himbeer-Ingwer-Likör

Haltbarkeit: 6–12 Monate

Für ca. 1 l
Reifezeit: 1 Tag

300 g Himbeeren, frisch oder TK
250 g Zucker
1 TL abgeriebene Bio-Zitronen-schale
20 g frischer Ingwer
0,5 l Himbeergeist, 38–40 Vol.-% (alternativ Obstwasser)

1. Himbeeren mit 100 g Zucker und der Zitronenschale in eine Schüssel geben und 1 Std. lang Saft ziehen lassen (bzw. auftauen und Saft ziehen lassen).
2. Ingwer schälen und sehr fein hacken oder reiben, mit 1 MB Wasser in den Mixtopf geben und **15 Min./100 °C/Stufe 1/ohne MB** kochen. Restlichen Zucker darin auflösen und anschließend alles sorgfältig filtern. Mixtopf spülen.
3. Himbeeren in den sauberen Mixtopf geben und **8 Min./100 °C/Stufe 1/ ohne MB** kochen. Den Ingwersirup zufügen, alles **10 Sek./Stufe 10/ mit MB** pürieren und durch ein feines Sieb filtern. Abkühlen lassen. Den Himbeergeist einrühren, in saubere Flaschen abfüllen und über Nacht durchziehen lassen.

Kokos-Limetten-Likör

Haltbarkeit: 2–3 Monate

Für ca. 0,75 l

- 70 g Kokosraspel
- 2 Bio-Limetten
- 200 g Zucker
- 300 g Kokosmilch
- 400 ml Rum, 40 Vol.-%

1. Die Kokosraspel mit 350 g Wasser in den Mixtopf geben, **25 Min./100 °C/ Stufe 1/ohne MB** köcheln lassen. Durch ein Sieb schütten, die Kokosraspel gut ausdrücken, den Sud auffangen und 350 ml davon abmessen.
2. Limetten heiß abwaschen, trocknen und die Schale fein abreiben (nur die grüne Außenhaut).
3. 1 Limette auspressen, den Saft mit der Limettenschale, dem Zucker, dem abgemessenen Kokoswasser und der Kokosmilch im Mixtopf **15 Min./ 100 °C/Stufe 1/ohne MB** einkochen. Thermomix® ausschalten und im Topf abkühlen lassen.
4. Den Sud durch ein feines Sieb filtern, mit dem Rum mischen und in saubere Flaschen füllen. Im Kühlschrank lagern.

Kumquat-Sternanis-Likör

Haltbarkeit: 6–12 Monate

Für ca. 0,9 l
Ausziehdauer: 2–3 Wochen
Reifezeit: 2 Wochen

100 g Kumquats
1 Zimtstange, in Stücke gebrochen
1 Sternanis
4 Kaffirlimettenblätter
1 ¾ MB Weingeist, 95 Vol.-%
300 g Zucker

1. Die Kumquats gründlich unter warmem Wasser abspülen und abtrocknen. Die Früchte in dünne Scheiben schneiden. Mit den Gewürzen in eine Ansatzflasche mit breiter Öffnung füllen. Mit dem Weingeist auffüllen (alles muss gut bedeckt sein).
2. 2–3 Wochen an einem hellen warmen Ort (kein direktes Sonnenlicht) ausziehen lassen. Dann durch ein feines Sieb filtern.
3. Die Gewürze mit 500 g Wasser und dem Zucker in den Mixtopf geben und **10 Min./Varoma/Stufe 2/ohne MB** einkochen.
4. Abkühlen lassen, dann ebenfalls durch ein feines Sieb filtern. Mit dem Ansatzalkohol mischen und in eine Flasche abfüllen. Verschließen und 2 Wochen ruhen lassen.

Granatapfellikör mit Vanille

Haltbarkeit: 6–12 Monate

Für ca. 0,9 l
Reifezeit: 3–4 Wochen

3 Granatäpfel
0,5 l weißer Rum, 40 Vol.-%
250 g Krümelkandis, braun
1 Vanilleschote
1 TL abgeriebene Bio-Zitronenschale

1. Die Granatäpfel halbieren und den Saft auspressen. Das gelingt auf einer Zitruspresse ganz prima, doch Achtung, der Saft färbt leider auch hervorragend ab!
2. Den Saft abmessen: Auf 0,5 l Rum werden 300 ml benötigt. Vanilleschote der Länge nach aufschlitzen und das Mark herauskratzen. Den abgemessenen Saft mit Kandis, Vanillemark, Vanilleschote und Zitronenschale in den Mixtopf geben. **12 Min./100 °C/Stufe 2/ohne MB** rühren.
3. Die Mischung auf unter 30 °C abkühlen lassen und durch ein Sieb filtern. Die gefilterte Flüssigkeit mit dem Rum verrühren und in Flaschen abfüllen. Vor dem Genuss kühl und dunkel 3–4 Wochen ruhen lassen.

Schmeckt sehr lecker zu Vanilleeis, Parfaits und Pannacotta! Statt der Vanilleschote kann man auch zerkleinerte Tonkabohne verwenden.

Orangenlikör

Haltbarkeit: 10–12 Monate

Für ca. 0,75 l
Ruhedauer: 1 Tag
Reifezeit: 1 Monat

2 Bio-Orangen
1 Bio-Zitrone
150 g brauner Rohrzucker
7 Gewürznelken
1 Sternanis
¼ Muskatnuss, in Stücken
2 EL Vanillerum (S. 16)
0,5 l Weinbrand, 40 Vol.-%

Dies ist eine schnell hergestellte Variante des Klassikers mit etwas mehr »Wumms«.

1. Orangen und Zitrone mit heißem Wasser abwaschen und abtrocknen. Die ganzen Früchte mit der Schale in Würfel schneiden, den dabei heraustretenden Saft auffangen. Alles mit dem Zucker in den Mixtopf füllen. Gewürznelken, Sternanis und Muskatnuss zufügen; alles **20 Min./ 90 °C/Stufe 2/mit MB** rühren.
2. In eine Schüssel umfüllen, abgedeckt über Nacht ziehen lassen.
3. Durch ein Sieb klar filtern. Den Vanillerum und den Weinbrand zugeben. In eine saubere Flasche füllen, verschließen und vor dem Genuss 1 Monat lang reifen lassen.

Zitronen-Rosmarin-Likör

Haltbarkeit: 8–10 Monate

Für ca. 0,75 l
Ruhedauer: 1–2 Tage
Reifezeit: 2–4 Wochen

3 Zweige Rosmarin, grob geschnitten
400 g Zucker
350 g Zitronensaft, frisch gepresst
1 EL Blütenhonig
0,5 l Wodka, 40 Vol.-%

1. Den Rosmarin waschen, trocken schütteln und mit dem Zucker in den Mixtopf geben. **30 Sek./Stufe 10/mit MB** pulverisieren, mit einem Küchenpinsel hinunterstreichen. Den Zitronensaft zugeben und **12 Min./100 °C/Stufe 2/ohne MB** zu einem Sirup einkochen.
2. Den Honig darin auflösen. In eine Flasche umfüllen und verschlossen 24–36 Std. lang ruhen lassen.
3. Dann mit dem Wodka vermischen und durch ein Sieb klar filtern. In eine oder mehrere saubere Flaschen füllen und vor dem Genuss 2–4 Wochen lang reifen lassen.

Verwenden Sie diesen fruchtigen Likör auch zum Abrunden von Süßspeisen, Eis und Tortenböden!

Hagebutten-Maracuja-Likör

Haltbarkeit: 8–10 Monate

Für ca. 1 l

300 g reife Hagebutten
400 g Maracujanektar
1 Maracuja (Passionsfrucht)
1 Prise gemahlene Vanille
150 g Zucker
Saft von 1 Zitrone
0,5 l Himbeergeist, 38–40 Vol.-%

Schnelle Variante:
300 g Hagebuttenmarmelade mit 300 g Maracuja- oder Mangonektar **10 Sek./Stufe 5/mit MB** mixen, 3 ½ MB Himbeergeist zugeben, nochmals durchrühren, evtl. Maracujafruchtfleisch dazu – fertig! Am nächsten Tag gekühlt oder auf Eis genießen.

2 Wochen Reifezeit an einem kühlen Ort intensivieren die Aromen.

1. Den abgestorbenen Blütenansatz der Hagebutten jeweils entfernen. Anschließend die Hagebutten in ein Sieb geben, unter fließendem Wasser abspülen, gut abtropfen lassen und mit einem sauberen Tuch trocken tupfen.
2. Die Hagebutten mit Maracujanektar und dem Fruchtfleisch der frischen Maracuja in den Mixtopf füllen und **20 Min./100 °C/Stufe 1/mit MB** rühren. Nun sind die Hagebutten weich gekocht und werden **15 Sek./Stufe 10/mit MB** fein püriert (Dabei ein dickes Tuch auf den Deckel legen und festhalten; es spritzt!).
3. Den Fruchtbrei mit einem Esslöffel durch ein feines Sieb streichen, dabei bleiben die Kerne und Schalenreste zurück.
4. Das so gewonnene dicke, fein cremige Fruchtmus in den zwischenzeitlich ausgespülten Mixtopf zurückgeben. Die Vanille, den Zucker und den Zitronensaft zufügen. **5 Min./90 °C/Stufe 1/ohne MB** rühren, damit sich der Zucker auflöst. Anschließend abkühlen lassen und den Himbeergeist zugießen. **20 Sek./Stufe 4/mit MB** mischen, dann in saubere, sehr heiß gespülte Flaschen füllen und verschließen.

Rhabarber-Vanille-Likör

Haltbarkeit: 8–12 Monate

Für ca. 1,2 l
Reifezeit: 1 Monat

500 g frischer Rhabarber
2 Vanilleschoten
abgeriebene Schale von 1 Bio-Zitrone
5 Gewürznelken
0,6 l weißer Rum oder Cachaca
300 g Zucker

1. Die Rhabarberstangen waschen, putzen und in 1 cm lange Stücke schneiden. In ein Ansatzgefäß (ca. 2 l Inhalt) geben.
2. Die Vanilleschoten aufschlitzen, das Mark herauskratzen und zusammen mit den Schoten zum Rhabarber geben. Die Zitronenschale und die Gewürznelken untermischen. Mit Wodka begießen, verschließen und 3 Wochen lang ziehen lassen. Öfter umrühren oder durchschütteln.
3. Dann den Ansatz durch ein feines Sieb oder Tuch filtern, bis er klar ist. Dabei die Rhabarberstücke und Gewürze auffangen und in den Mixtopf geben. 600 g Wasser und Zucker zufügen, **10 Min./100 °C/Stufe 1/ohne MB** kochen. Direkt im Mixtopf abkühlen lassen, dann den Rum oder Cachaca hineingeben.
4. Alles **10 Sek./Stufe 5/mit MB** durchmischen. Erst durch ein Sieb gießen, danach durch ein angefeuchtetes Mull- oder Leinentuch klar filtern und in saubere Flaschen füllen. Verschlossen 1 Monat lang reifen lassen. Gekühlt oder auf Eis servieren.

Limoncello

Haltbarkeit: mindestens 1 Jahr.

Für ca. 1,2 l
Ausziehdauer:
2–3 Wochen

5 Bio-Zitronen
2 TL Zucker für den Schalenzucker
450 ml Ansatzalkohol oder Wodka, 70 Vol.-%
280 g Zucker

Durch das Auskochen der bereits ausgezogenen Zitronenschalen holen wir noch den letzten kleinen Rest Aroma aus ihnen heraus – und eine schöne Farbe.

1. Die Zitronen mit heißem Wasser abwaschen und trocknen. Die Schale nun mit einer Reibe sorgfältig abreiben, dabei nur den gelben Teil verwenden, und die weiße bittere Unterhaut an der Zitrone lassen.
2. Die Schalen nun in ein Ansatzgefäß mit etwa 0,7 l Volumen und breiter Öffnung (z. B. ein Vorrats- oder Einmachglas) geben.
3. 2 TL Zucker hinzufügen und mit dem Ansatzalkohol aufgießen. Verschließen und 2–3 Wochen lang an einem zimmerwarmen Ort extrahieren lassen. Dabei öfter fest durchschütteln.
4. 420 g Wasser mit dem Zucker in den Mixtopf geben. Den Zitronenansatz filtern, dabei die Zitronenschalen auffangen und zu dem Wasser-Zucker-Gemisch geben.
5. Das Ganze **20 Min./100 °C/Stufe 1/ohne MB** kochen. Im Mixtopf etwas abkühlen lassen, filtern und ganz erkalten lassen. Den Alkohol nun wieder dazugeben und alles gut verrühren. In vorbereitete saubere Flaschen füllen und verschließen. Evtl. nach 2 Tagen nochmals durch einen Likörfilter klären.

Ananas-Basilikum-Likör

Haltbarkeit: 12 Monate

Für ca. 1 l
Reifezeit: 1–2 Wochen

400 g Ananasdirektsaft
150 g Zucker
15 Blätter Basilikum, frisch
1 TL abgeriebene Bio-Zitronenschale
0,5 l Wodka, 40 Vol.-%

Dieser leckere Likör peppt wunderbar fruchtige Sommerbowlen auf. Besonders gut schmeckt er übrigens, wenn man dafür frisch entsaftete Ananas nimmt.

1. Saft mit Zucker in den Mixtopf geben und **15 Min./120 °C (TM31 Varoma)/Stufe 1/ohne MB** zu einem Sirup kochen.
2. Basilikum waschen, trocken schütteln und in den heißen Sirup geben. Zitronenschale einrühren und alles **15 Min./90 °C/Stufe 1/mit MB** ziehen lassen. Abkühlen lassen.
3. Durch ein Mull- oder Leinentuch klar filtern und mit dem Wodka mischen. In Flaschen füllen und verschließen. 1–2 Wochen lang reifen lassen und gekühlt genießen.

Himbeer-Granatapfel-Likör

Haltbarkeit: bis zu 12 Monate

Für ca. 0,8 l

300 g Himbeeren, frisch oder TK
Saft von 2 Granatäpfeln (300 g)
250 g Zucker
1 EL Vanillezucker
2 ½ MB Ansatzkorn, 80 Vol.-%

1. Himbeeren (können noch gefroren sein), Granatapfelsaft, 100 g Wasser, Zucker und Vanillezucker im Mixtopf **10 Min./100 °C/Stufe 1/ohne MB** kochen. Bei geöffnetem Deckel im Mixtopf auf unter 50 °C abkühlen lassen oder umfüllen. Mit einem Esslöffel durch ein Sieb passieren, aber nicht zu viel vom Fruchtmus durchdrücken, eher den Saft auffangen.
2. Ansatzkorn und Fruchtrückstand nochmals im Mixtopf mischen: **30 Sek./Stufe 3/mit MB**, danach mit der Rückseite einer Schöpfkelle durch das Sieb drücken. Mixtopf spülen.
3. Den gewonnenen Himbeer-Granatapfel-Sirup und die Ansatzkorn-Himbeersaft-Mischung im Mixtopf nochmals mischen: **20 Sek./Stufe 3/mit MB**. Danach in Flaschen abfüllen und kalt stellen.
4. Am besten gönnt man dem Likör noch ein paar Tage Ruhedauer, er schmeckt aber bereits nach dem Durchkühlen.

Pink Grapefruit mit Vanille

Haltbarkeit: 8–12 Monate

Für ca. 0,7 l

2 rosa Grapefruits
1 Vanilleschote
300 g Zucker
3 MB Wodka oder Grappa, 40 Vol.-%

1. Die Grapefruits auspressen und 300 ml Saft abmessen (evtl. mit etwas Wasser auffüllen, falls die Saftmenge nicht ganz reicht) und in den Mixtopf geben.
2. Die Vanilleschote längs aufschlitzen, das Mark herauskratzen, die Schote in mehrere Stücke schneiden. Beides zum Saft geben. Zucker zufügen und **10 Min./Varoma/Stufe 2/ohne MB** kochen.
3. Abkühlen lassen, danach klar filtern und mit dem Alkohol vermischen. In saubere Flaschen abfüllen und kühl lagern. Schmeckt auch mit Eiswürfeln oder mit Sekt oder Mineralwasser aufgegossen.

Quittenlikör mit Minzeblüten

Haltbarkeit: 8–10 Monate

Für ca. 0,6 l
Reifezeit: 2 Monate

500 g Quitten (wenn möglich Birnenquitten)
200 g Zucker
1 TL getrocknete Minzeblüten (alternativ getrocknete Minzeblätter)
½ MB Orangenlikör
3 MB Obstbrand, 38 Vol.-%

Die ausgekochten Quittenfrüchte bitte nicht wegwerfen – man kann sie zu Marmelade oder einem Quittenbrot weiterverarbeiten!

1. Die Quitten waschen und mit einem Küchentuch trocknen, dabei die Härchen auf der Schale wegreiben. Die Quitten vierteln und das Kerngehäuse herausschneiden.
2. Die Quittenstücke in den Mixtopf geben. Zucker sowie 500 g Wasser zufügen und das Ganze **30 Min./100 °C/Stufe 2/ohne MB** kochen lassen. Durch ein Sieb klar filtern, den Mixtopf ausspülen und den Quittensud wieder hineinschütten.
3. Alles nochmals auf 100 °C erhitzen, dann die Minzeblüten zugeben. Mixtopf ausschalten und den Sud abkühlen lassen.
4. Orangenlikör und Obstbrand zugeben und alles gut vermischen. In saubere Flaschen abfüllen. Vor dem Verkosten noch 2 Monate lang reifen lassen.

Heidelbeerlikör mit Amarettiaroma

Haltbarkeit: bis zu 8 Monate

Für ca. 1 l
Ruhedauer: 1 Tag
Reifezeit: 1 Monat

500 g reife Heidelbeeren, frisch oder TK, aufgetaut
180 g Zucker
Mark von 1 Vanilleschote
10 Amaretti
1 Bio-Zitrone
2 MB Apfeldirektsaft
0,5 l Wodka, 40 Vol.-%

1. Die Heidelbeeren mit dem Zucker, dem ausgekratzten Vanillemark und den Amaretti in den Mixtopf geben. Die Zitrone heiß abwaschen und abtrocknen. Die Schale (ohne die weiße Unterhaut) abreiben, den Saft auspressen. Beides zu den Früchten geben. **10 Sek./Stufe 6/mit MB** rühren. Dann 1 Std. ruhen lassen.
2. Den Apfelsaft zugießen und alles **8 Min./100 °C/Stufe 1/ohne MB** erhitzen. In eine Schüssel umfüllen, zudecken und über Nacht ruhen lassen. Dabei öfter umrühren, damit sich der Zucker auflöst.
3. Anschließend den Ansatz durch ein feines Sieb passieren. Den Wodka zugeben, alles gut vermischen und in saubere, sehr heiß gespülte Flaschen füllen. Verschlossen 1 Monat lang ruhen lassen.

Feiner Cassislikör

Haltbarkeit: 12 Monate

Für ca. 2 l
Ruhedauer: 1 Tag
Reifezeit: 2 Monate

1 Tonkabohne
700 g schwarze Johannisbeeren, geputzt und frisch oder TK, aufgetaut
400 g brauner Rohrzucker
500 g trockener Rotwein oder schwarzer Johannisbeersaft
1 Bio-Zitrone
ca. 1 l Obstbranntwein, 38–40 Vol.-%

Der Cassis schmeckt auch fein in Desserts, auf Eis oder mit Sekt oder Mineralwasser aufgegossen.

1. Die Tonkabohne mit einer Muskatreibe fein reiben. Die geputzten (oder aufgetauten) Beeren mit dem Zucker, der Hälfte vom Wein (oder Saft) sowie der geriebenen Tonkabohne in eine Schüssel geben und gut vermischen. Abgedeckt über Nacht durchziehen lassen.
2. Das Beerengemisch und den restlichen Wein (oder Saft) in den Mixtopf füllen. Die Zitrone heiß abwaschen und trocknen. Die Schale mit einem Sparschäler abziehen (ohne die weiße Unterhaut).
3. Zitrone halbieren und auspressen. Schale und Saft den Früchten zugeben. Alles **20 Sek./Stufe 10/mit MB** mixen. Dann **14 Min./100 °C/Stufe 2/ohne MB** rühren.
4. Den Fruchtbrei durch ein Sieb drücken oder durch eine Flotte Lotte treiben, um Schalenrückstände und Kerne zu entfernen. Das Mus abmessen. Auf 500 ml Fruchtpüree gibt man je nach Geschmack 4–5 MB Obstbranntwein. In Flaschen abfüllen und am besten noch 2 Monate lang kühl ruhen lassen, bevor man den Cassis genießt.

Erdbeerlimes

Haltbarkeit: bis zu 6 Monate

Für ca. 2 l

ca. 900 g Erdbeeren
½ MB Minzsirup
400 g Puderzucker
1 l Wodka, 40 Vol.-%

1. Die Erdbeeren waschen, trocken tupfen und die Blütenansätze abzupfen. Angedrückte oder faule Stellen entfernen und 750 g geputzte Erdbeeren in den Mixtopf wiegen. Den Sirup zufügen und **20 Sek./Stufe 10/ mit MB** fein pürieren.
2. Den Puderzucker dazugeben, **1 Min./Stufe 4/mit MB** rühren. Die Menge abmessen: Auf 100 ml Fruchtpüree gibt man 70–90 ml Wodka, je nachdem, wie stark der Likör sein und wie lange er gelagert werden soll.
3. Das Fruchtpüree mit dem Wodka wieder in den Mixtopf gießen und **5 Sek./Stufe 4/mit MB** rühren. Durch ein Sieb in vorbereitete, sehr saubere Flaschen abfüllen. Auf diese Weise werden störende Fruchtkerne entfernt und der Limes wird samtiger.
4. Unbedingt verschlossen im Kühlschrank lagern und möglichst kalt, evtl. mit Eiswürfeln oder auch mit Sekt oder Mineralwasser aufgegossen, servieren!

Schlehenlikör mit Birne

Haltbarkeit: bis zu 18 Monate

Für ca. 1,5 l
Ruhedauer: 2 Wochen
Reifezeit: 3–6 Monate

1 Vanilleschote
500 g Schlehen, gewaschen
400 g Birnendirektsaft
600 g brauner Rohrzucker
50 g Zitronensaft (etwa 1 Zitrone)
0,75 l Armagnac (alternativ guter Weinbrand)
evtl. Vanillesirup zum Nachsüßen

1. Vanilleschote längs aufschlitzen, Mark herauskratzen und die Schote in kleine Stücke schneiden. Beides mit Schlehen, Birnensaft und Zucker in den Mixtopf geben und **40 Min./100 °C/Sanftrührstufe/ohne MB** kochen.
2. Nun den Zitronensaft zufügen und alles nochmals **10 Min./100 °C/ Stufe 2/ohne MB** rühren. Dann durch ein Sieb passieren, dabei mit einem Löffel leicht ausdrücken. Das erhaltene Fruchtmark abmessen und abkühlen lassen.
3. Mit derselben Menge Armagnac im Mixtopf mischen und in gut gesäuberte Flaschen füllen. Am besten 2 Wochen lang ruhen lassen, dann nochmals durch ein Tuch passieren, um restliches Fruchtfleisch zu entfernen.
4. Nach Wunsch mit etwas Vanillesirup nachsüßen. Nach einer weiteren Lagerzeit von 3–6 Monaten schmeckt der Likör noch besser.

Kiwi-Minz-Likör

Haltbarkeit: 8–12 Monate

Für ca. 0,9 l

2 reife Kiwis
90 g Zucker
1 MB Minzsirup
2 EL Vanillerum (S. 16)
0,5 l Wodka, 38 Vol.-%

1. Kiwis schälen und jeweils in 6 Teile schneiden. In den Mixtopf geben und **10 Sek./Stufe 6/mit MB** pürieren. Zucker und 2 MB Wasser dazugeben und **10 Min./120 °C (TM31 Varoma)/Stufe 1/ohne MB** kochen.
2. Minzsirup zufügen und abkühlen lassen. Dann durch ein feines Sieb filtern; Vanillerum und den Wodka einrühren. In saubere Flaschen füllen und verschließen. Kühl lagern und kalt, evtl. mit Eiswürfeln oder auch mit Sekt oder Mineralwasser aufgegossen, servieren!

KRÄUTER- UND GEWÜRZLIKÖRE

Besonders in der kühlen und nassen Jahreszeit lieben wir die wärmende Kraft von Gewürzen. Kräuter- und Blütenliköre erinnern uns an vergangene Sommertage und heitern uns auf.

Earl-Grey-Teelikör

Haltbarkeit: an einem kühlen Ort bis zu 12 Monate

Für ca. 0,7 l
Ruhedauer: 4 Wochen

4 MB stilles Mineralwasser
300 g Zucker
30 g Vanillezucker
2 EL Earl-Grey-Teeblätter
1 TL abgeriebene Bio-Orangenschale
450 ml Weinbrand oder Whisky, 40 Vol.-%

Teelikör lässt sich gut für die Zubereitung von aromatischen Bowlen, Heißgetränken oder Grog verwenden, aber auch für Desserts und Kuchen. Probieren Sie auch einmal andere Teesorten (Grüner Tee, Rooibos, guten Früchtetee) aus – es lohnt sich!

Lecker auf Eis mit frischer Minze!

1. Mineralwasser, Zucker und Vanillezucker in den Mixtopf geben. **15 Min./100 °C/Stufe 1 ohne MB** zu einem Sirup kochen. Den Deckel abnehmen und das Kondenswasser sofort abtrocknen.
2. Den Tee und die Orangenschale in den Mixtopf geben und 3 Min. lang ziehen lassen (andere Teesorten entsprechend länger). Durch ein Sieb filtern und abkühlen lassen.
3. Den Weinbrand oder Whisky eingießen, gut durchmischen und in gereinigte Flaschen abfüllen. Möglichst 4 Wochen ruhen lassen.

Zimtlikör

Haltbarkeit: bis zu 12 Monate

Für ca. 0,75 l
Ruhedauer: 4–6 Wochen

3 Zimtstangen
1 Vanilleschote
½ TL abgeriebene Bio-Zitronenschale
4 MB Weinbrand, 40 Vol.-%
200 g brauner Rohrzucker

1. Den Zimt in Stücke brechen. Die Vanilleschote längs aufschlitzen, die Schnittflächen aufbiegen, dann in 6 Stücke schneiden (Mark nicht herauskratzen). Zimt, Vanille und Zitronenschale in eine Flasche geben und mit dem Weinbrand begießen. Verschließen und 2 Wochen bei Zimmertemperatur ausziehen lassen.
2. Den Ansatzweinbrand durch ein Sieb filtern. Die Gewürze auffangen und in den Mixtopf geben. 300 g Wasser und den Zucker hinzufügen und **15 Min./120 °C (TM31 Varoma)/Stufe 1/ohne MB** köcheln. Im Mixtopf ohne Deckel abkühlen lassen.
3. Den Weinbrand nun zum entstandenen Sirup geben und **10 Sek./Stufe 4/mit MB** rühren. Dann durch ein Tuch oder einen Likörfilter klären und in eine saubere Flasche füllen. Verschlossen gönnt man dem Likör am besten noch eine Ruhedauer von 4–6 Wochen, bevor man ihn serviert. Evtl. anschließend nochmals klären.

Rosenblütenlikör

Haltbarkeit: bis zu 12 Monate

Für ca. 0,6 l
Reifezeit: 2 Wochen
Ruhedauer: 4 Wochen

7 duftende Rosenblüten, morgens gepflückt (ca. 25 g)
1 ¼ MB Quellwasser
1 ¼ MB Weingeist, 96 Vol.-%
200 g Zucker
1–2 EL Zitronensaft

1. Die Rosenblüten vorsichtig ausschütteln, um evtl. vorhandene Insekten zu entfernen. Blütenblätter abzupfen, den untersten Blattansatz jeweils abschneiden (er ist etwas bitter) und die Blätter in ein verschließbares Gefäß geben. Mit dem Quellwasser und dem Weingeist auffüllen. 14 Tage lang verschlossen (nicht in der direkten Sonne) ziehen lassen, dabei öfter schütteln.
2. Anschließend diesen Ansatz klar filtern und dabei die Blütenblätter gut ausdrücken.
3. Zucker, 250 g Wasser und Zitronensaft in den Mixtopf geben. **15 Min./ 120 °C (TM31 Varoma)/Stufe 1/ohne MB** köcheln lassen. Den Deckel abnehmen, ohne dass das darin gesammelte Kondenswasser in den Sirup tropft, und auf unter 37 °C abkühlen lassen.
4. Den Rosenauszug zufügen, gut verrühren und in saubere Flaschen abfüllen. Am besten lässt man den Likör noch 4 Wochen lang ruhen.

Rosenlikör gibt Bowlen, Cocktails und Aperitifs ein exquisites Aroma.

Wer mag, ersetzt 100 g Quellwasser durch 100 g Rosenhydrolat.

Für eine intensivere Rotfärbung kann man dem fertigen Likör etwas rote Lebensmittelfarbe zugeben.

Matchalikör

Haltbarkeit: an einem kühlen Ort bis zu 1 Jahr

Für ca. 0,5 l
Ruhedauer: 2–3 Tage

330 g stilles Mineralwasser
210 g Zucker
10 g Vanillezucker
1 gestrichener EL Matchapulver (möglichst frisch und hellgrün)
1 MB Weingeist, 96 Vol.-%

Wird gerne zum Mixen von Cocktails verwendet.

1. Mineralwasser, Zucker und Vanillezucker in den Mixtopf geben. **15 Min/ 100 °C/Stufe 1/ohne MB** zu einem Sirup kochen. Unter Rühren auf 75 °C abkühlen lassen.
2. Matchapulver in den Sirup geben. **5 Sek./Stufe 6/mit MB** mixen, dann weiterrühren, bis der Sirup ganz erkaltet ist.
3. Den Weingeist zufügen und **10 Sek./Stufe 4/mit MB** mischen. Durch ein Tuch oder einen Likörfaltenfilter klären. Abfüllen und vor dem Genuss 2–3 Tage lang ruhen lassen.

Lebkuchenlikör

Haltbarkeit: an einem kühlen Ort bis zu 1 Jahr

Für ca. 0,7 l
Ruhedauer: 1 Woche

20 g Lebkuchengewürz, nicht gemahlen (Mischung aus Nelken, Zimt, Piment, Kardamom, Orangenschalen)
200 g brauner Rohrzucker
400 ml roter Weinbrand, 40 Vol.-%, z. B. Chantré Rouge, alternativ »normaler« Weinbrand

Für einen wärmenden Punsch einfach mit heißem Tee aufgießen!

1. 300 g Wasser, Lebkuchengewürz und Zucker in den Mixtopf geben. **15 Min./100 °C/Stufe 1/ohne MB** zu einem Sirup kochen lassen. Den Mixtopf ausschalten und den Sirup abkühlen lassen. Dann durch ein feines Sieb klar filtern.
2. Den Weinbrand zugeben und gründlich vermischen. In saubere Flaschen abfüllen und noch 1 Woche ruhen lassen.

Minzlikör

Haltbarkeit: bis zu 8 Monate

Für ca. 0,7 l
Reifezeit: 1 Tag
Ruhedauer: 3–4 Wochen

½ Zimtstange
abgeriebene Schale von 1 Bio-Orange
200 g Zucker
gut 1 Handvoll frische Pfefferminzblätter
1 MB Weingeist, 96 Vol.-%

1. Zimtstange in Stücke brechen. Mit der Orangenschale, 400 g Wasser und dem Zucker in den Mixtopf geben und **15 Min/120 °C (TM31 Varoma)/ Stufe 1/ohne MB** rühren.
2. Die Minze mit kaltem Wasser gut abwaschen, trocken schütteln, grob schneiden und in den heißen Sud geben. **5 Sek./Stufe 6/mit MB** mixen, dann **15 Min/70 °C/Stufe 2/mit MB** rühren. In eine Schüssel umfüllen und abgedeckt über Nacht ziehen lassen.
3. Durch ein Sieb klar filtern und mit dem Weingeist mischen. In eine saubere Flasche füllen und 3–4 Wochen ruhen lassen.

SPEZIALITÄTEN

In diesem Kapitel finden sich meine Rezepte für extravagante und ungewöhnliche Liköre. Das bedeutet aber nicht, dass sie schwieriger herzustellen wären! Nur die Kombination mancher Liköre ist neu oder einfach mal anders, wie z. B. ein Likör aus Salbeiblüten, die milder als Salbeiblätter und dennoch schön würzig schmecken, oder Balsamicolikör, der überraschend lecker schmeckt – auch wenn man nicht unbedingt DER Essigfreund ist …

Gewürzbierlikör

Haltbarkeit: bei kühler Lagerung 1 Jahr

Für ca. 0,7 l
Reifezeit: 2 Std.
Ruhedauer: 1 Monat

½ Vanilleschote
300 g dunkles Bier (oder Doppelbock)
½ Zimtstange
3 Gewürznelken
1 Sternanis
200 g brauner Rohrzucker
2 ½ MB Doppelkorn, 38 Vol.-%

1. Vanilleschote längs aufschlitzen, das Mark herauskratzen und die Schote in Stücke schneiden. Das Bier mit den Gewürzen, der Vanilleschote und dem Vanillemark sowie dem Zucker in den Mixtopf geben.
2. Alles **5 Min./Varoma/Stufe 1/ohne MB** kochen, danach **10 Min./80 °C/Stufe 1/ohne MB** ziehen lassen. Deckel abnehmen, das Kondenswasser dabei nicht hineintropfen lassen. Im offenen Topf 2 Std. auskühlen lassen.
3. Durch ein feines Sieb filtern, dann den Doppelkorn einrühren. In eine saubere Flasche füllen und 1 Monat lang ruhen lassen.

Nussler

Haltbarkeit: bis zu 1 Jahr, kühl und dunkel gelagert

Für ca. 1 l
Reifezeit: 2 Wochen
Ruhedauer: 2–3 Monate

- 200 g Haselnusskerne
- 1 MB Vanillerum (S. 16)
- 0,5 l brauner Rum, 40 Vol.-%
- 1 EL Kakaopulver oder Kakaobohnen
- 1 Prise frisch geriebene Muskatnuss
- 20 g Orangenschalenzucker
- 300 g Rohrohrzucker

1. Die Haselnüsse in den Mixtopf geben und **20 Min./100 °C/Stufe 1/ Linkslauf ohne MB** rösten. Dann **3 Sek./Stufe 7** grob hacken und in ein Ansatzglas umfüllen.
2. Mit dem Vanillerum und dem Rum auffüllen. Kakao und Muskatnuss zugeben und gut vermischen. Verschlossen an einem kühlen Ort 2 Wochen lang ausziehen lassen.
3. Ansatz durchsieben. Dabei die Nüsse und Gewürze auffangen; mit 300 g Wasser und dem Rohrzucker in den Mixtopf geben. **15 Min./100 °C/ Stufe 1/ohne MB** kochen, dann den Orangenzucker darin auflösen und anschließend alles abkühlen lassen.
4. Den Nusssirup mehrmals filtern, bis er klar ist. Dann ganz auskühlen lassen. Anschließend gut mit dem Vanillerumauszug vermischen und in saubere Flaschen füllen. Mindestens 2 Monate kühl ruhen lassen.

Rotweinlikör mit Chili

Haltbarkeit: bis zu 12 Monate

Für ca. 0,75 l
Ruhedauer: 4 Wochen

½ Zimtstange
½ Vanilleschote
1 getrocknete kleine Chilischote
700 g trockener guter Rotwein
200 g brauner Rohrzucker
4 Gewürznelken
2 MB Ansatzalkohol, 96 Vol.-% (alternativ nur 500 ml Rotwein und 400 ml Weinbrand, 40 Vol.-%)

Gut geeignet zum Mixen von Cocktails.

1. Die Zimtstange in mehrere Stücke brechen. Die Vanilleschote aufschlitzen, das Mark herausschaben und die Schote in 5 Stücke schneiden. Die Chilischote mit den Fingern zerbröseln.
2. Alles mit Rotwein, Zucker und Gewürznelken in den Mixtopf geben. **18 Min./120 °C (TM31 Varoma)/Stufe 1/ohne MB** kochen lassen. Dabei darauf achten, dass nichts überkocht (sonst auf 100 °C zurückschalten). Mixtopf ausschalten und den Sirup ohne Deckel abkühlen lassen.
3. Ansatzalkohol (oder Weinbrand) dazugießen und **10 Sek./Stufe 4/mit MB** untermischen, dann durch ein feines Sieb filtern und in saubere Flaschen abfüllen. An einem kühlen Ort 4 Wochen lang ruhen lassen.

Ingwerlikör

Haltbarkeit: bis zu 18 Monate, wird aber im Laufe der Zeit schärfer

Für ca. 0,75 l
Ruhedauer: 2–3 Wochen

40 g frischer Ingwer
25 g kandierter Ingwer
1 TL abgeriebene Bio-Zitronenschale
100 g Rohrohrzucker
50 g Blütenhonig
4 MB Weinbrand, 40 Vol.-%

1. Den Ingwer schälen und zerkleinern: Je nachdem, wie scharf der Likör werden soll, hackt oder reibt man ihn sehr fein (scharf) oder schneidet ihn in Scheiben von etwa 2 mm Dicke (milder). Den kandierten Ingwer klein würfeln.
2. Beide Ingwersorten mit 300 g Wasser, Zitronenschale und Rohrzucker in den Mixtopf geben. **10 Min/100 °C/Stufe 1/ohne MB** rühren, dann nochmals **10 Min/90 °C/Stufe 1/ohne MB**. Im Mixtopf lauwarm abkühlen lassen. Zum Schluss den Honig darin auflösen.
3. Alles durch ein Sieb klar filtern und mit dem Weinbrand vermengen. In eine saubere Flasche füllen und verschlossen 2–3 Wochen kühl und dunkel ruhen lassen.

Kakaowunder

Haltbarkeit: kühl gelagert 12 Monate

Für ca. 0,8 l
Reifezeit: 2–3 Wochen
Ruhedauer: 1 Monat

- 25 g Kakaobohnen (Rohkakao) oder Kakaonibs
- 0,5 l Grappa, 40 Vol.-%
- 100 g weißer Zucker
- 70 g brauner Rohrzucker

Dieser weiche Kakaolikör mit wunderbaren Schokoladenaromen wird jeden »Schokoholic« begeistern.

Verwenden Sie am besten frische Kakaobohnen in Bio-Qualität.

Versuchen Sie einmal eine Variante mit etwas Zimt und Gewürznelken – besonders für die Weihnachtszeit passend.

Für einen Sahnelikör wird das Wasser auf 250 ml reduziert und während der letzten 2 Min. (Schritt 2) werden noch 250 g Sahne zugefügt.

Die Haltbarkeit verringert sich dann auf 6 Wochen, im Kühlschrank gelagert!

1. Die Kakaobohnen in den Mixtopf geben und **5 Sek./Stufe 5/mit MB** grob hacken. Dann direkt zum Grappa in eine Flasche geben. Verschließen und 2–3 Wochen lang an einem zimmerwarmen Ort stehen lassen.
2. Abfiltern, dabei die Kakaobohnenstücke auffangen und die Flüssigkeit in den Mixtopf gießen. 400 g Wasser, Zucker und Rohrzucker zugeben und **15 Min./100 °C/Stufe 2 ohne MB** rühren. Im Mixtopf abkühlen lassen.
3. Filtern, bis der dünnflüssige Sirup klar ist, dann mit dem Grappa vermengen. In saubere Flaschen füllen und verschließen. Gibt man dem Likör nun noch 1 Monat Ruhedauer, so schmeckt er besonders lecker!

Salbeiblütenlikör

Haltbarkeit: 1 Jahr

Für ca. 1 l
Reifezeit: 10 Tage
Ruhedauer: 4 Wochen

10 Salbeiblätter
1 EL Salbeiblüten
1 kleiner Zweig Rosmarin
1 kleiner Stängel Pfefferminze
0,6 l Doppelkorn, 38 Vol.-%
170 g Krümelkandis
1 EL Vanillerum (S. 16)

1. Alle Kräuter waschen und gut trocken schütteln. Salbeiblätter und -blüten in eine saubere Flasche mit weitem Hals füllen. Rosmarin und Minze grob schneiden, alle Kräuter in die Flasche geben. Mit dem Doppelkorn auffüllen und verschlossen 10 Tage lang ausziehen (Zimmertemperatur).
2. Kräuteransatz klar filtern. 350 g Wasser und Kandis in den Mixtopf geben und **20 Min./100 °C/Stufe 1/ohne MB** kochen. Abkühlen lassen, Vanillerum und Doppelkorn zugeben. Vermischen und in eine Flasche füllen. Dunkel 4 Wochen lang ruhen lassen.

Vanillelikör

Haltbarkeit: 1 Jahr

Für ca. 1 l
Reifezeit: 10 Tage
Ruhedauer: 4 Wochen

3 Vanilleschoten
0,5 l Weinbrand
200 g brauner Rohrzucker

1. Vanilleschoten längs aufschlitzen, die Ränder etwas aufbiegen und die Schoten mit dem Mark darin in 6 Stücke zerschneiden. In den Weinbrand geben und 10 Tage verschlossen stehen lassen.
2. Weinbrand filtern, die Schoten auffangen und mit 350 g Wasser und dem Zucker in den Mixtopf geben. **15 Min./100 °C/Stufe 1/ohne MB** kochen. Auf 37 °C abkühlen lassen. Das Ganze filtern, den Vanilleweinbrand zugeben und im Mixtopf **15 Sek./Stufe 3/mit MB** mischen. In saubere Flaschen füllen und 4 Wochen lang ruhen lassen.

Rosmarin-Thymian-Likör

Haltbarkeit: 8–10 Monate

Für ca. 1 l
Reifezeit: 14 Tage
Ruhedauer: 3–4 Wochen

2 lange Zweige Rosmarin
1 Zweig Thymian
abgeriebene Schale von ½ Bio-Zitrone
0,5 l Grappa, 40 Vol.-%
150 g Zucker

1. Rosmarin und Thymian waschen, gut trocken schütteln und grob zerschneiden. Mit allen holzigen Teilen und der Zitronenschale zusammen in eine Flasche mit breitem Hals füllen. Mit dem Grappa auffüllen. Verschlossen bei Zimmertemperatur 14 Tage lang ausziehen lassen.
2. Den Liköransatz filtern, die Kräuter und die Zitronenschale dabei auffangen und in den Mixtopf geben. 500 g Wasser und den Zucker zufügen und **10 Min./100 °C/Stufe 1/ohne MB** kochen.
3. Im Mixtopf auskühlen lassen, dann durch ein Sieb klar filtern. Kräutergrappa zugeben und gut vermischen. In Flaschen abfüllen. An einem kühlen Ort 3–4 Wochen lang ruhen lassen.

Dieser Likör hat eine reduzierte Süße und eignet sich gut als Digestif.

Wer ihn süßer mag, verwendet 50–100 g mehr Zucker oder süßt mit Honig nach.

Caipilikör

Haltbarkeit: bis zu 1 Jahr

Für ca. 0,5 l
Reifezeit: 2 Std.

6 Bio-Limetten
4 MB Cachaca
180 g feiner weißer Rohrzucker

In Brasilien wird nicht der in Europa meist verwendete braune Rohrzucker, sondern heller, feinkörniger raffinierter Zuckerrohrzucker für den Caipirinha-Cocktail verarbeitet.

1. 4 Limetten halbieren und auspressen; den Saft in den Mixtopf filtern. Von den beiden übrigen Limetten die Schale abreiben (nicht die weiße bittere Unterhaut!) und mit dem Saft ebenfalls in den Mixtopf schütten. Rohrzucker zugeben und **30 Min./80 °C/Stufe 2/ohne MB** erhitzen.
2. Abkühlen und 2 Std. lang ruhen lassen, dann den Cachaca darübergießen. Klar filtern und in saubere Flaschen füllen. Eiskalt oder auf viel Crushed Ice mit frischer Minze servieren.

Cola-Rum-Likör

Haltbarkeit: bis zu 12 Monate

Für ca. 0,4 l
Ruhedauer: 1–2 Wochen

700 g Cola
abgeriebene Schale von 1 Bio-Zitrone
200–250 ml brauner Rum

1. Die Cola im Mixtopf **65 Min./100 °C/Stufe 2/ohne MB** auf 200 ml einkochen lassen. Zitronenschale zugeben und alles im Mixtopf abkühlen lassen.
2. Durch ein feines Sieb passieren und in eine saubere 0,5-l-Flasche füllen. Den Rum dazugießen, verschließen und gut schütteln. 1–2 Wochen ruhen lassen.
3. Nach Belieben mit noch etwas mehr Rum verfeinern.

Mit Eis aufgießen oder als Longdrink mit Crushed Ice und Kirschsaft genießen!

Schwarzrieslinglikör

Haltbarkeit: bis 12 Monate, kühl und dunkel gelagert

Für ca. 0,7 l
Ruhedauer: 2 Wochen

600 g Schwarzriesling
200 g brauner Rohrzucker
2 MB Ansatzkorn, 80 Vol.-%
(alternativ Weingeist)

1. Rotwein und Zucker im Mixtopf **20 Min./120 °C/Stufe 2 ohne MB (TM31 Varoma)** einkochen. Abmessen, es werden 500 ml benötigt (evtl. noch einige Minuten lang weiterkochen, um die Menge zu reduzieren).
2. Abkühlen lassen, den Ansatzkorn zugießen und in eine gut gereinigte Flasche abfüllen. Fest verschließen und vor dem Genuss am besten noch 2 Wochen lagern.

Durch das Reduzieren verkocht der Alkohol im Wein, doch der Geschmack wird konzentrierter und der nötige »Wumms« kommt durch den Ansatzalkohol. Gewürze könnten zwar mitgekocht werden, überdecken dann jedoch die Schwarzrieslingaromen.

Crema-Balsamico-Likör

Haltbarkeit: bis zu 12 Monate, kühl und dunkel gelagert

Für ca. 0,5 l
Ruhedauer: 1 Monat

350 g Aceto Balsamico (ohne Farbstoff)
200 g brauner Rohrzucker
1 Vanilleschote, in kleinen Stücken
2–2 ½ MB Grappa, 40 Vol.-%

Beliebt bei Essigfreunden, aber durch die reduzierte Säure auch ein guter Magenschmeichler nach dem Essen.

1. Aceto Balsamico, Zucker und Vanilleschotenstücke im Mixtopf **25 Min./120 °C/Stufe 1/ohne MB (TM31: 26 Min./Varoma/Stufe 1/ohne MB)** reduzieren. Dann abkühlen lassen, bis der Sirup handwarm ist. Mixtopf ausspülen.
2. Mit dem Grappa mischen (wer mag, im Mixtopf, **30 Sek./Stufe 3/mit MB**). In eine Flasche abfüllen und noch 1 Monat lang ruhen lassen.

Honigbärenlikör

Haltbarkeit: bis zu 12 Monate

Für ca. 0,75 l
Ruhedauer: mind. 2 Wochen

300 g Honig (nach Geschmack, z. B. lieblichen Akazienblütenhonig oder würzigen Waldhonig, auch gemischt)
2 MB Ansatzkorn, 80 Vol.-%

1. 280 g Wasser und den Honig in den Mixtopf wiegen, **9 Min./37 °C/ Stufe 1/mit MB** auflösen.
2. 5 Min. lang abkühlen lassen, dann den Ansatzkorn zugeben, **20 Sek./ Stufe 3/mit MB** mischen.
3. In saubere Flaschen abfüllen und mindestens 14 Tage lang ruhen lassen. Der Likör wird immer besser, je länger er sich ausruhen darf.

Wem das reine Honigaroma zu wenig ist, der lässt 1 Woche lang zerkleinerte Gewürze (½ TL Kardamom, 1 TL Zimt und 5 Nelken oder 2 EL zerkleinerten Ingwer) ein ausgiebiges Bad im Ansatzalkohol nehmen. Dann filtern und den Likör wie beschrieben weiter zubereiten.

BONBONLIKÖRE

Bonbonliköre sind wohl die schnellsten Liköre, die man herstellen kann, und dazu ausgesprochen süffig. Verwenden Sie keine zuckerfreien Bonbons mit diversen Austauschstoffen wie Aspartam etc., da diese sich im Likör als Belag absetzen und auch keinen cremigen Likör ergeben. Wer Bonbonliköre herstellt, muss sich im Klaren sein, dass sie, je nach verwendeten Bonbons und entgegen der anderen Rezepte, u. a. auch Farbstoffe enthalten können! Alle Bonbonliköre schmecken lecker, aber Vorsicht – die haben echt »Wumms«!

Wichtig: Der Mixtopf und der Deckel müssen vor dem Mahlen der Bonbons unbedingt absolut trocken sein, sonst klebt das Ganze an! Kontrollieren Sie, ob sich der Bonbonzucker ganz aufgelöst hat, sonst noch einige Minuten lang rühren lassen. Den Mixtopf sofort mit Wasser einweichen oder ausspülen, sonst werden die Zuckerreste am Messer hart und können den Mixtopf schädigen.

Kracherlikör

Haltbarkeit: bis 8 Monate

Für ca. 0,7 l

250 g Fruchtkracherbonbons, ohne Colakracher
250 g Orangendirektsaft (nach Belieben Blutorangensaft)
3 ½ MB Kirschbrand oder Obstbranntwein, 40 Vol.-%

1. Die Kracher im Mixtopf (unter dem Messbecher ein Küchentuch einklemmen) **10 Sek./Stufe 10/mit MB** mahlen. Orangensaft zugeben und **10 Min./60 °C/Stufe 2.5** rühren, bis sich der Bonbonzucker aufgelöst hat. Anschließend 20 Min. abkühlen lassen.
2. Kirschbrand zufügen und alles **20 Sek./Stufe 3/mit MB** mischen, durch ein feines Sieb filtern und abfüllen. Vor dem Verzehr immer gut aufschütteln, der Likör trennt sich wieder.

Wenn der Likör leichter werden soll, etwas mehr Saft zugeben. Oder als Cocktail auf Crushed Ice genießen, z. B. verlängert mit frischem Saft, frischer Minze und in Stücken geschnittenen Kumquats.

Malz-Sahnelikör

Haltbarkeit: 6 Wochen

Für ca. 0,5 l

200 g Bayerisch-Malz-Bonbons, mit Zucker
180 g H-Sahne
120 g Vollmilch
2 MB Weinbrand oder Whisky, 40 Vol.-%

Varianten:

- mit Vanillerum (S. 16) zubereiten
- Eine weihnachtliche Variante erhält man, wenn man 1 zerkleinerte Zimtstange, 1 in Stücke geschnittene Vanilleschote, 5 Gewürznelken und 1 Prise Kardamom mitkocht. In eine Schüssel umfüllen und abkühlen lassen, danach erst durch ein Sieb filtern.
- Eine vegane Variante bekommt, wer Hafer- oder Sojadrink statt der H-Sahne und der Kuhmilch verwendet. Der Likör wird dann weniger cremig, evtl. die doppelte Menge vorher auf 300 g einkochen)!

1. Die Bonbons in den Mixtopf schütten, unter dem Messbecher ein Küchentuch einklemmen. Dann **10 Sek./Stufe 10/mit MB** pulverisieren. Kurz warten, bis sich der Zuckernebel wieder gelegt hat, dann mit einem Pinsel das Pulver vom Deckel und alle Beläge gründlich nach unten in den Mixtopf pinseln.
2. Sahne und Milch zugeben, **6 Min./100 °C/Stufe 1/ohne MB** rühren. Durch ein feines Sieb in eine saubere Flasche füllen und auskühlen lassen.
3. Den Weinbrand oder Whisky zugeben, verschließen und gut schütteln. Gekühlt lagern.

Iced Apple

Haltbarkeit: etwa 6 Monate

Für ca. 0,4 l

180 g Eukalyptus-Menthol-Bonbons, mit Zucker
260 g Apfeldirektsaft
1 ½ MB Ansatzkorn, 80 Vol.-% (alternativ 2 ½ MB Wodka, 40 Vol.%)

1. Die Bonbons in den Mixtopf schütten, unter dem Messbecher ein Küchentuch einklemmen, **10 Sek./Stufe 10/mit MB** pulverisieren. Kurz warten, bis sich der Zuckernebel wieder gelegt hat, dann mit einem Pinsel das Pulver vom Deckel in den Mixtopf sowie alle Beläge gründlich nach unten pinseln. In ein Gefäß umfüllen.
2. Den Apfelsaft im Mixtopf **13 Min./100 °C/Stufe 1/ohne MB** reduzieren. Den Bonbonzucker hinzufügen und die Mischung **4 Min./100 °C/Stufe 1/ohne MB** weiterkochen. 25 Min. lang im offenen Mixtopf auskühlen lassen.
3. Den Ansatzkorn bzw. Wodka zugeben und **15 Sek./Stufe 3/mit MB** mischen, dann in saubere Flaschen abfüllen. Hält sich mehrere Monate, wobei der Mentholgeschmack im Laufe der Zeit abnimmt.

Toffeelikör

Haltbarkeit: 2 Monate

Für ca. 1 l

190 g Sahnekaramellbonbons, soft
140 g Vollmilch
50 g Sahne
2 MB Whisky

Varianten:
- 1 TL Lebkuchengewürz mit der Milch kochen
- ½ TL gemahlene Vanille mit der Milch kochen
- 1 EL Schalenabrieb einer Bio-Orange mitkochen
- 1 fein geriebene Tonkabohne mitkochen

Flaschen nicht ganz voll füllen, damit man sie vor dem Ausgießen noch gut durchschütteln kann. Hat sich Karamell abgesetzt, kann man den Likör auch später noch durchsieben und wieder abfüllen (am besten zimmerwarm).

1. Die Karamellbonbons mit der Milch im Mixtopf **12 Min./90 °C/Stufe 1/ohne MB** rühren. Sahne zugießen und nochmals **3 Min./90 °C/Stufe 1/ohne MB** kochen. Auf unter 37 °C abkühlen lassen.
2. Whisky dazugeben, **15 Sek./Stufe 4/mit MB** mischen und durch ein Sieb in saubere Flaschen füllen. Verschließen, im Kühlschrank lagern und vor dem Genuss gut schütteln!

Marshmallowlikör

Für ca. 0,6 l

300 g klassische Marshmallows
200 g Vollmilch
1 ½ MB Wodka

1. Marshmallows und Milch in den Mixtopf geben und **15 Sek./Stufe 10/ mit MB** zerkleinern. Dann **5 Min./90 °C/Stufe 1/ohne MB** rühren und im offenen Mixtopf auf 37 °C abkühlen lassen.
2. Den Wodka zugeben und **20 Sek./Stufe 3/mit MB** mischen. 1 Std. kühl stellen, dann sofort genießen – lagert man ihn, wird der Likör durch die enthaltene Stärke fest.

Wer einen rosafarbenen Likör mag, fügt noch 2-3 EL Himbeer- oder Kirschsaft zu.

Schweizer Kräuterzuckerlikör

Haltbarkeit: bis 12 Monate

Für ca. 0,6 l

240 g Schweizer Kräuterbonbons
200 g Apfelsaft (oder Wasser)
2 ½–3 MB Grappa, Wodka oder Doppelkorn, 40 Vol.-%

Gut gekühlt oder auf Eis servieren. Schmeckt auch fein mit Orangen- oder Lycheesaft aufgegossen. Übrigens: 1 Gläschen davon kann bei Blähungen helfen!

1. Die Bonbons in den Mixtopf geben, unter dem Messbecher ein Küchentuch einklemmen, **10 Sek./Stufe 10/mit MB** pulverisieren. Kurz warten, bis sich der Zuckernebel wieder gelegt hat, dann mit einem Pinsel das Pulver vom Deckel und alle Beläge gründlich nach unten in den Mixtopf pinseln.
2. Saft oder Wasser dazugießen und **14 Min./60 °C/Stufe 2/ohne MB** rühren, sodass alles gut aufgelöst ist und ein dicker Sirup entsteht. Abkühlen lassen.
3. Grappa, Wodka bzw. Doppelkorn dazugießen (nach Geschmack evtl. mehr, wenn der Likör stärker sein soll) und **20 Sek./Stufe 3/mit MB** mischen. In saubere Flaschen abfüllen.

Zitronellolikör

Haltbarkeit: bis 12 Monate

Für ca. 0,5 l

200 g Zitronenbonbons, mit Zucker
¾ MB Limettensaft
1 EL Zucker
2 ½ MB Cachaca oder weißer Rum

1. Bonbons im Mixtopf mit untergelegtem Küchenpapier unter dem Messbecher **10 Sek./Stufe 10/mit MB** zerkleinern. Limettensaft zugeben und **12 Min./60 °C/Stufe 2.5/ohne MB** rühren. Anschließend abkühlen lassen.
2. Cachaca oder Rum hinzufügen, **20 Sek./Stufe 3/mit MB** mischen. Durch ein Sieb in eine saubere Flasche abfüllen und verschließen.

Wer es sehr süß mag, der fügt noch 1-2 EL Zucker vor dem Rühren hinzu. Gut gekühlt oder auf Eis servieren. Das Rezept funktioniert übrigens auch mit Orangenbonbons.

Lakritztoffeelikör

Haltbarkeit: 6 Wochen

Für ca. 0,5 l
Ruhedauer: 2–3 Tage

125 g Lakritztoffees
100 g H-Sahne
150 ml Ansatzkorn, 70 Vol.-% (alternativ 240 ml Wodka, 40 Vol.-%)

1. Die Lakritztoffees mit 150 g Wasser in den Mixtopf wiegen und **10 Min./60 °C/Stufe 2/ohne MB** rühren, sodass alles aufgelöst ist. In eine Schüssel umfüllen und abkühlen lassen. Den Mixtopf spülen.
2. Ansatzkorn zur Toffeemischung geben und alles in den Mixtopf gießen. **30 Sek./Stufe 3/mit MB** mixen, dann die Sahne **15 Sek./Stufe 3/mit MB** einrühren. Durch ein feines Sieb in eine saubere Flasche abfüllen.
3. 2–3 Tage Wartezeit verbessern den Geschmack. Im Kühlschrank lagern. Vor dem Genuss jeweils gut schütteln.

Black-Devil-Lakritzlikör

Haltbarkeit: bis 1 Jahr

Für ca. 0,5 l

120 g Lakritzbonbons »Türkisch Pfeffer«
3 MB Wodka, 50 Vol.-% (alternativ 3 ½ MB Wodka, 40 Vol.-%)

1. Die Bonbons in den Mixtopf geben, unter dem Messbecher ein Küchentuch einklemmen, **5 Sek./Stufe 10/mit MB** pulverisieren. Kurz warten, bis sich der Zuckernebel wieder gelegt hat, dann mit einem Pinsel das Pulver vom Deckel und alle Beläge gründlich nach unten in den Mixtopf pinseln.
2. 100 g Wasser zugeben, **14 Min./60 °C/Stufe 2/ohne MB** rühren, bis alles aufgelöst ist. Abkühlen lassen.
3. Den Wodka dazugießen und **20 Sek./Stufe 3/mit MB** mischen. In saubere Flaschen abfüllen und verschließen.

Hilft dem Magen nach einer opulenten Mahlzeit!

Bildnachweis

S. 19, 30, 38, 41, 45, 49, 50, 59, 75, 77, 81, 85, 89, 90: © Karl-Heinz Engler; S. 8, 12, 61, 68, 82: Shaiith/Shutterstock.com; S. 16: Iurii Kachkovskyi/Shutterstock.com; S. 17, 22: Gaus Alex/Shutterstock.com; S. 17, 91: Oksana Mizina/Shutterstock.com; S. 17, 18, 28: Oxana Denezhkina/Shutterstock.com; S. 21: Irina Meliukh/Shutterstock.com; S. 23, 54: Sea Wave/Shutterstock.com; S. 24, 76: Africa Studio/Shutterstock.com; S. 25: Alexey Borodin/Shutterstock.com; S. 26: Goskova Tatiana/Shutterstock.com; S. 27: BBA Photography/Shutterstock.com; S. 29: Wild Drago/Shutterstock.com; S. 31: Secha/Shutterstock.com; S. 32, 33, 46, 69, 79: 5PH/Shutterstock.com; S. 33, 34: Leigh Anne Meeks/Shutterstock.com; S. 33, 53: Stolyevych Yuliya/Shutterstock.com; S. 35, 58, 86: HandmadePictures/Shutterstock.com; S. 36: jipatafoto89/Shutterstock.com; S. 37: Rostislav_Sedlacek/Shutterstock.com; S. 39: Romrodphoto/Shutterstock.com; S. 40: Igor Normann/Shutterstock.com; S. 42: Hetizia/Adobe.stock.com; S. 43: sichkarenko.com/Shutterstock.com; S. 44: Oksana_Slepko/Shutterstock.com; S. 47: KaplunArthur/Shutterstock.com; S. 48: Anna Bogush/Shutterstock.com; S. 51: TTL media/Shutterstock.com; S. 52: Peiling Lee/Shutterstock.com; S.55: Yotka/Shutterstock.com; S. 56: Chubykin Arkady/Shutterstock.com; S. 57: ILEISH ANNA/Shutterstock.com; S. 60: SabOlga/Shutterstock.com; S. 61, 67: Svittlana/Shutterstock.com; S. 61, 65: Wiktory/Shutterstock.com; S. 62: Bondarenco Vladimir/Shutterstock.com; S. 63: Brent Hofacker/Shutterstock.com; S. 66: PJjaruwan/Shutterstock.com; S. 69, 71, 78: Christian Jung/Shutterstock.com; S. 69, 72: Kazanovskyi Andrii/Shutterstock.com; S. 70: Floydine/adobe.stock.com; S. 73: Oksana_Slepko/Shutterstock.com; S. 74: Ilja Generalov/Shutterstock.com; S. 80: Lana_M/Shutterstock.com; S. 83, 87: AnjelikaGr/Shutterstock.com; S. 83, 93: Antonio Gravante/Shutterstock.com; S. 83, 84: Jag_cz/Shutterstock.com; S. 88: Andrea Hansen Fotografie/Shutterstock.com